너, 영어 교과서
씹어 먹어 봤니?

상위 1% 아이들만 알고 있는 영어 교과서 100% 활용법

너, 영어 교과서 씹어 먹어 봤니?

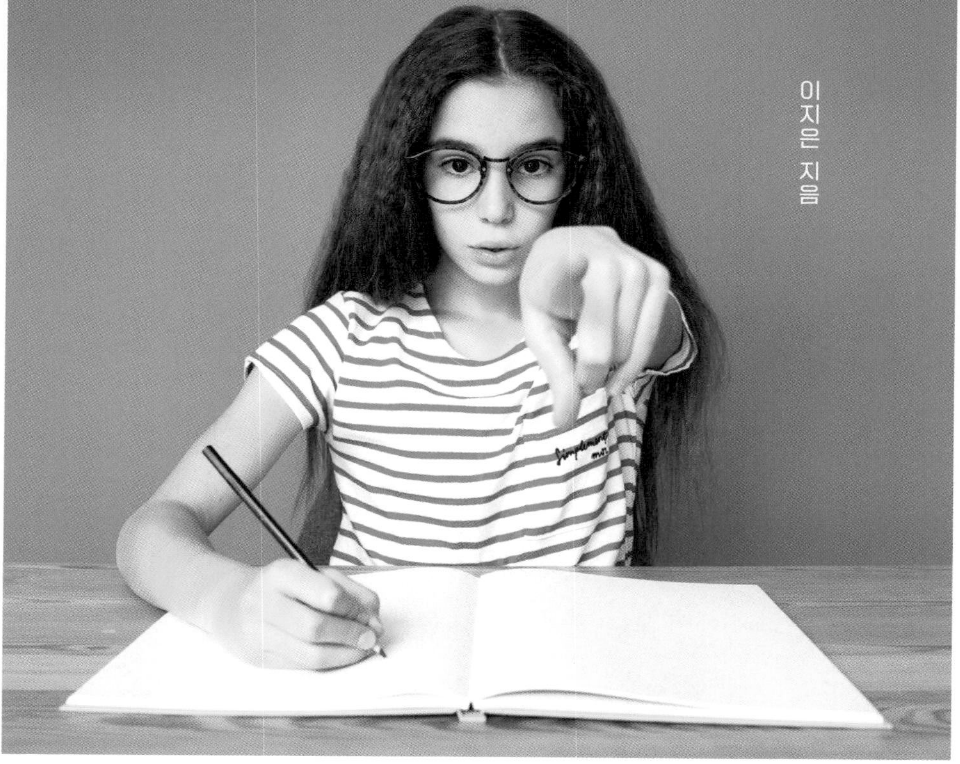

포레스트북스

교과서만큼 훌륭한 교재는 없습니다

　이 글을 쓰는 지금, 저는 시골에서 아이 둘과 함께 농촌 유학 생활을 하는 중입니다. 도시에서 태어나 한 번도 시골에 살아본 적 없는 엄마가 아이들과 함께 시골에서, 특히 학원도 없고, 음식 배달도 안 되는 곳에서 고군분투하며 지내고 있다는 소식에 많은 사람들이 대단하다고 말합니다. 어떻게 그런 결심을 했느냐고, 부럽다고 하면서 말입니다. 하지만 그 뒤에는 꼭 조언을 가장한 남 걱정이 따라옵니다. 애들 공부는 어쩌려고, 학원은 어떻게 하려고, 벌써 고학년인데 명문 학군지로는 안 갈 거야? 등의 말을 마치 자기 일인 양 쏟아냅니다. 그런 일을 겪다 보니 제가 이 책의 원고를 하루빨리 완성하고 싶었는지도 모르겠습니다. 아이 공부 때문에 고민하는 수많은 부모님을 위해 사교육, 명문 학군지 등이 아닌 '교과서'로 기본을 익히는 공부의 중요성에 대해서 꼭 알려드리고 싶습니다.

　대부분의 사람은 영어 선생님의 자녀들이라면 높은 영어 성적은 당연한 것이고, 다른 과목도 상위권을 유지할 것이라 여깁니다. 이는 아무래도 사교육을 똑똑하게 잘 시키고 있을 것이라 생각하는 지점에서 오는 것이겠지요. 물론 엄마가 교육에 대해 잘 아니까 사교육을 잘 시킬 수 있는 것도 맞습니다. 하지만 저는 생각이 조금 다릅니다. 사교육으로 메울 수 있는 부분은 한계가 있고, 아이들이 본질적으로 배워야 하는 것은 학원에서 알려주는 기술이 아닌 절대 무너지지 않는 든든한 '기본기'입니다.

앞서 말했듯 저는 현재 사교육의 혜택을 받을 수 없는 지역에 있는데, 이곳에 위치한 작은 시골 학교의 선생님들은 한 반에 몇 안 되는 아이들의 공부를 개별적으로 봐주기 위해 본인이 할 수 있는 최선의 노력을 하고 계십니다. 공교육의 베이스이자 아이의 인지 수준에 맞춰 개발된 최상의 교재인 교과서로 맞춤 학습을 지도하고 있었습니다. 이를 보며 저는 교과서 공부 로드맵을 더더욱 빨리 알려야겠다는 생각이 들었습니다. 이제 제가 오랜 경험으로 현장에서 익힌 것들과, 아이를 키우며 생긴 혜안을 많은 부모님과 나누고 싶습니다. 이 작은 시골 학교에서는 이미 실제로 실천까지 하고 있으니까요. 다시 한번 교과서의 내용을 꼼꼼히 배우고 복습하는 것이 학습 결손을 메우는 첫걸음이라는 것을 깨달았습니다.

다소 딱딱하고 어렵게 느껴지는 교육과정을 한 번쯤 제대로 살펴보는 것, 마냥 쉽게만 생각했던 교과서를 제대로 들여다보게 하는 것, 이 모든 시도를 부모님이 직접 해보게 하는 것이 바로 이 책의 목적입니다. 교과서는 쉬우니까 남들보다 어려운 책으로 해야 우리 아이가 더 앞서갈 거라는 불분명하고 막연한 기대보다 이제는 교과서로 기본기를 꼼꼼하게 채우겠다는 구체적인 계획을 세워보시는 것이 어떨까요?

　아이가 초등학교를 다닐 때 공교육을 통해 올바른 학습 태도, 기본 생활습관을 반드시 잘 다져놓아야 합니다. 과잉 학습이 아닌 적정 학습을 시기에 맞게 해야 자기 효능감과 성취감이 올라갑니다. 제가 책 속에 담은 초등학생 때 익혀야 할 표현, 어휘, 생활 영어 패턴 등을 매일 조금씩 익히게 해주세요. 그다음에 교과서에 있는 문장을 읽고 쓰는 과정을 거치면 됩니다. 마지막으로 초등 권장 문법 내용은 기본적으로 학습하되, 어려운 중학 문법은 선행으로 서두르지 말고 천천히 기다렸다가 하게 해주세요. 더 배우게 하려고 욕심을 내다 '지금 이 시기'에 갖춰야 하는 기본기를 놓치는 경우를 저는 현장에서 너무나 많이 봐왔습니다. 이제 더 이상 대한민국의 속도전에서 치이는 부모와 아이들이 되지 말고, 나만의 속도로 나만의 길을 만들어가세요.

　고속도로를 갈 때 아무도 보지 않으면 대부분 규정 속도보다 더 빠르게 달립니다. 그렇게 달리면 목적지에 더 빨리 도착할 수 있을 것 같지만, 사실 가다 보면 어떨 때는 구간 단속에, 어떨 때는 과속 단속 카메라에 걸리기 때문에 차의 속도를 줄이게 됩니다. 결국 빠르게 달리든, 보통 속도로 달리든 간에 목적지까지 큰 차이 없이 도착할 때가 더 많습니다. 오히려 마구잡이로 속도를 올리다가 사고가 날 위험이 더 높죠. 이를 우리 아이 학습에도 대입해보세요. 과잉 학습으로 힘들어하는 아이들이 더 많고,

속도전에 열을 올리다가 몸살을 앓고 있는 것이 대한민국 교육의 현실입니다.

공자의 제자 자로는 실천가이자 행동가였다고 합니다. 그는 좋은 말을 들으면 반드시 실천하는 사람이었습니다. 저는 이 책을 이론편과 실전편으로 구분하여 집필하였습니다. 여러분도 이론편에서 알게 된 내용을 그냥 보고 넘기는 것이 아니라 자로처럼 반드시 실천하는 부모님이 되시기를 바랍니다.

이 책을 집필할 수 있도록 모델이 되어준 두 딸과 마음으로 늘 응원해준 남편에게 고마움을 전합니다. 그리고 14년이 넘도록 한 회사를 다니며 수많은 고비를 마주했었습니다. 그때마다 마음을 다잡게 해주고, 실무에서도 많은 배움을 얻게 해준 많은 선배님과 후배님께 이 공을 돌립니다. 혼자였다면 못했을 일들, 조직 내에서 부딪히고 깎이며 배운 시간들이 저에게 아주 값진 것이 되었습니다. 또 제가 회사를 다니는 긴 시간 동안 육아를 도와주신 양가 부모님께도 감사의 마음을 전합니다.

끝으로 이 시대의 모든 부모님들을 응원합니다.

지리산 아래에서
저자 이지은

CONTENTS

머리말 교과서만큼 훌륭한 교재는 없습니다   / 4

PART 1. 이론편

CHAPTER 1.
수능 만점자가 교과서만 봤다고 말하는 이유

진짜 공부 잘하는 아이는 교과서로 공부합니다   / 15
- 교과서를 다르게 볼 줄 아는 아이들
- 원칙을 배워야 틀 밖에서도 자유로울 수 있다
- 학교 수업보다 더 중요한 것은 없다

교육과정을 알아야 아이 공부법이 보인다   / 26
- 2015 개정 교육과정 초·중·고 각 단계별로 톺아보기
- 자녀를 꼭 좋은 대학에 보내고 싶다면

부모가 반드시 알아야 하는 여섯 가지 핵심 역량   / 41
- 영어 과목에서 요구하는 핵심 역량에 대하여

초등 영어는 간단한 의사소통 위주라 쉽다?   / 50
- Top Down vs. Bottom Up
- 실제 교실에서 영어 수업은 어떻게 진행될까
- 우리 아이 현재 영어 수준 점검해보기

영어 교과서는 왜 학교마다 다를까   / 60
- 미국은 교과서라는 개념이 없다?
- 다섯 개 출판사가 각각 만드는 우리나라 초등 영어 교과서

☆CHAPTER 2.
공교육 영어에 대한 편견, 깨드립니다

공교육이 반드시 필요한 이유　/ 69
- 대학이 성공의 마중물인 시대는 끝났다
- 좋은 성적은 좋은 태도에서 나온다

회화도 학교에서 충분히 배울 수 있다　/ 75
- 초등 권장 표현 목록

초등 권장 어휘 800개의 진실　/ 84
- 초등 권장 어휘 목록
- 필수 목록 외에 반드시 알아야 하는 것들

문법은 교과서 속에 숨어 있다　/ 102
- 초등 권장 문법 목록

학원만 잘 다니면 된다는 아주 큰 착각　/ 110
- '덜 배워서' 아닌 '더 배워서' 문제다
- 학원 정보는 잘 알면서 아이 교과서는 잘 모르는 현실
- 공부 잘하는 아이들이 의외로 잘 놓치는 것

☆CHAPTER 3.
학부모 필독! 영어 교육과정 이것만 기억하세요

과거를 알아야 미래도 알 수 있다　/ 119
- 2022 개정 교육과정 미리 보기

공교육 영어, 알고 보면 다 계획이 있다　/ 124
- 교과서 속 대화 지문은 왜 어색할까
- 교과서는 혼자 공부하는 책이 아니다
- 아이 공부 자신감을 키워줄 최상의 교재

영어 교과서에 문자는 없고 그림만 있는 이유　/ 131
- 교육부의 숨은 의도 파악하기
- 디지털 교과서로 보고 들으며 학습하는 법
- 언어는 문화로 배우는 것이다

부모의 조바심을 다스려야 아이의 영어력이 자란다   / 138
- 초등 엄마들이 말하는 학교 공부의 현실
- 언제까지 '빨리 빨리 공부'에 끌려다닐 건가요?
- 교과서부터 철저하게 끝내라

PART 2. 실전편

CHAPTER 4.
영어 교과서 제대로 씹고, 뜯고, 맛보는 법

공교육의 첫 시작, 초등 3~4학년 영어 공부법   / 153
- 알파벳과 파닉스를 100% 안다는 것
- 3학년 첫 영어 수업, 어떻게 대처하면 좋을까
- 문제집 대신 다른 학교 교과서를 준비하자

주제별·상황별 영어 표현 본격적으로 익히기   / 162
- 주제별 영어 표현 소재 목록

의외로 교과서에서 다루지 않는 주제   / 190
- 동식물
- 우주

중학교를 준비하는 초등 5~6학년 영어 공부법   / 198
- 기본 시제
- 8품사
- 명사의 단수와 복수
- 평서문, 부정문, 의문문
- 동사의 종류 및 시제(규칙, 불규칙) & 불규칙 동사표
- 조동사
- 비교급
- 의문사
- 초등 때 하지 않아도 되는 문법

- 독해 공부법
- 쓰기 공부법

☆ CHAPTER 5.
최상위권으로 도약하는 영어 공부법

학교 교과서 '만' 하는 것과 학교 교과서 '를' 하는 것의 차이 / 223
- 교과서 내용 제대로 이해하고 학원에 간 거 맞나요?
- 옆집 아이만 보지 말고 옆집 부모도 보자

실용 영어 vs. 수능 영어, 둘 중 무엇이 먼저일까 / 229
- 첫아이 엄마가 가장 흔히 하는 실수
- 유튜브로 영어 노출하는 법
- 영어 원서 읽기 시작하는 법

학원에서 이런 부분을 보충하면 좋아요 / 242
- 학원 레벨 테스트 잘 보는 법
- 초등학생 자녀의 학원 관리법 세 가지
- 인터넷 강의 활용법
- 활용하는 것과 의존하는 것은 다르다

중학교 교과서와의 연계성 / 254
- 내신 공부법
- 서술형 대비법
- 로마는 하루아침에 이루어지지 않았다

부록 / 267
- 초등학교 3~6학년 출판사별 목차 모음
- 중학교 1~3학년 출판사별 문법 목록 모음

참고 문헌 / 281

PART 1.
이론편

☆ Chapter 1.

수능 만점자가 교과서만 봤다고 말하는 이유

진짜 공부 잘하는 아이는 교과서로 공부합니다

대한민국 부모라면 한 번쯤은 봤음직한 인터뷰가 있습니다. 매년 대학수학능력시험이 끝나고 나면 화제가 되는 만점자들의 공부법에 대한 인터뷰입니다. 수능 제도가 도입되고 초반에는 잘 나오지 않았던 만점자가 2012년도 이후로는 꽤나 배출되고 있습니다.

혹시 여러분은 이전에 보았던 만점자의 이야기 중 지금도 기억이 나는 것이 있나요? 오래오래 기억에 남는 특별한 인터뷰가 있던가요? 왜 인상적인 내용이 떠오르지 않을까요? 돌이켜보면 공부법이 의외로 별것 없었고, 그들 각각의 공부법이 하나같이 비슷했으며, 특별한 노하우가 없었습니다. 해마다 뭔가 남다른 비결이 있을 것 같아 기대하고 보지만 만점자의 인터뷰나 서울 대 합격생의 수기는 내가 써도 쓸 수 있겠다 싶을 만큼 뻔한 이 야기뿐이라는 생각, 혹시 해본 적 없으신가요?

게다가 그들은 늘 이렇게 말합니다. "교과서 위주로 공부했어 요", "사교육보다는 학교 수업에 더 집중했어요"라고요. 이 뻔하 고 뻔한 식상한 말을 그대로 믿고 싶지는 않습니다. 분명 어디엔 가 특별한 비법이 존재할 것이고, 족집게 과외 선생님이 있을 것 만 같습니다. 하지만 그들은 약속이나 한 듯 같은 이야기를 되풀 이합니다. 왜일까요?

교과서를 다르게 볼 줄 아는 아이들

저는 오랫동안 출판사에 근무하면서 각종 영어 교과서와 교 재를 만든 편집자 출신 엄마입니다. 그만큼 교육과정과 밀접한 업무를 해온 세월이 길지요. 그러나 저도 제 아이가 어릴 때는 몰랐습니다. 제가 하던 일은 중·고등학생의 입시 업무에 가까웠 고, 초등학생이나 미취학 아동을 어떻게 돌보아야 하는지 모르 는 초보 엄마에 불과했지요.

심지어 워킹맘었으니 우왕좌왕한 시간이 꽤 길었습니다. 잘 모를 땐 맘카페도 기웃거리고, 주변 엄마들에게서 조언도 들었 습니다. 하지만 시간이 갈수록 이건 마치 주객이 전도된 상황과 같다는 느낌이 들었습니다. 많은 부모님이 무엇을 위해 아이에게 그렇게 많은 문제집을 풀게 하는지, 학습의 목적이 무엇인지 다 잊은 채 앞만 보고 달려가고 있더라고요. 정말 중요한 것이 무엇이며, 공부의 핵심이 무엇인지, 마치 알맹이를 잃어버린 사람들 같아 보였습니다.

보통의 부모님은 문제집을 사서 풀고 나면 채점을 한 후에 버리고, 그다음 단계의 문제집을 구입해서 풀고, 또 채점한 뒤에 버리는 일을 반복합니다. 어떤 부모님은 지금까지 푼 문제집을 쌓아놓고 인증샷을 찍어 SNS에 올려서 인증한 후 버리기도 하더군요. 그렇게 한 학기에 사는 문제집 권수만 해도 과목별로 꽤 될겁니다.

그러나 저는 지금까지 수학 연산 문제집을 제외하고는 다 푼 문제집을 바로 버린 경우가 단 한 번도 없습니다. 편집자 출신이라 그런지 그냥 넘기지 못하는 것도 있겠지요. 예컨대 국어 문제집이 있다고 가정한다면, 어떤 국어 문제집이든 간에 어휘를 정리해놓은 파트가 있고, 지문이 나와 있는 파트 그리고 문제 위주의 파트가 있을 겁니다. 저는 문제 파트만 제외하고 나머지는 모두 다시 재사용합니다. 어떻게 하냐고요? 속담이나 어휘, 사자성어가 정리된 페이지는 따로 모으고, 아이에게 노트에 어휘와 뜻을 옮겨 적도록 합니다. 옮겨 적은 노트 속 내용을 다 외우고 복습을 하거나, 배운 어휘를 활용한 짧은 글짓기를 시키는 등의 활동을 한 후에 다른 책이나 교재로 넘어갑니다.

《초등 어휘톡》비상교육　　《뿌리깊은 초등국어 독해　　《초등 수능독해 비문학》
　　　　　　　　　　　　 력 어휘편》마더텅　　　　　　비상교육

　　수능 만점자들은 바로 이것을 보통 아이들과 다르게 하고 있었던 겁니다. 그들은 모두가 우습게 보고 쉽게 넘기는 '교과서'를 다른 관점으로 재해석했습니다. 본질을 파고든 것이지요. 제가 저희 아이들에게 문제집을 풀게 한 방식과 마찬가지로 그들은 교과서 텍스트를 분석하고 이해하였을 것입니다. 그렇다면 왜 교과서일까요?

　　교과서는 그 시대의 교육과정을 반영합니다. 공교육에서 기

《초등 어휘톡》 《뿌리 깊은 초등국어 독해력
어휘편》

문제집 활용 예시

준이 되는 내용을 텍스트 형태로 정리한 것이고, 그것을 바탕으
로 내신과 수능에 변형된 문제가 출제된다는 사실을 공부 잘하
는 아이들은 이미 잘 알고 있는 것입니다. 교과서에서 알려주는
기본 개념이 결국 문제로 출제되기 때문에 변형된 문제를 잘 풀
기 위해서는 개념부터 잘 알아야 합니다. 교과서를 바탕으로 학
습의 목적과 단원마다 배워야 하는 개념이 무엇인지 잘 이해하
면 성적은 따라오게 돼 있습니다. 게다가 수업 중 교사의 설명이

더해지면 금상첨화입니다.

그러므로 그냥 공부 좀 한다는 정도가 아니라 만점 또는 만점에 가까운 점수를 내는 아이들이 "교과서 위주로 공부했다"라고 하는 것은 곧 '학습의 기본 로직'을 잘 이해하고 있으며, 어떤 공부가 효율적인 것인지 이미 잘 알고 있다는 뜻이지요. 많은 이가 거들떠보지도 않는 교과서를 그들은 다른 눈으로 바라봅니다. 다소 불친절한 교재인 교과서의 행간을 이해할 수 있는 아이들에게는 이보다 더 큰 도움이 되는 책도 없는 것이지요.

원칙을 배워야 틀 밖에서도 자유로울 수 있다

우리 부모 세대가 치른 수능과 지금의 수능은 사뭇 다릅니다. 그런데 어른들은 본인들이 배운 방식대로 아이들이 학습하길 원합니다. 하지만 아이들이 앞으로 살아가야 할 세상은 부모들이 살아온 세상과 완전히 다릅니다. 미래가 어떻게 바뀔지 섣불리 예측할 수도 없습니다. 이런 세상을 직면했다는 것을 인지했다면 앞으로 우리는 어떤 교육을 하는 것이 바람직할까요?

그렇습니다. 이전의 방식대로 지식만을 습득하는 것이 아니라 기존의 것을 '융합'하고 '재해석'하여 새로운 것을 창조하는 방식의 교육을 해야 합니다. 기존의 것을 그대로 받아들이는 사람은 더 이상 미래 인재가 될 수 없습니다. 이제는 어떤 것이 주어지더라도 새롭게 창조할 줄 알고, 그것을 재해석하여 활용할 줄 아는 사람을 인재라고 불러야 할 것입니다. 그런 인재가 되기 위해서 암기와 주입식 학습만으로는 불가능합니다. 물수능이든 불수능이든 간에 만점자는 늘 나오듯이, 어떠한 상황에서도 대처가 가능한 인재를 육성해야 합니다. 이를 위해 가장 '기본'으로 돌아갈 필요가 있습니다.

도화지 위에 그림을 그려야 한다면 여러분은 무엇부터 하겠습니까? 일단 스케치부터 해야겠지요? 머릿속으로 구상한 것이 제대로 구현이 될지, 도화지 안에서 면을 어떻게 활용해야 할지 등을 생각하며 연필로 스케치부터 할 것입니다. 그렸다, 지웠다를 반복하며 그림을 완성해가겠지요. 건물을 지을 때도 마찬가지입니다. 전문적인 화가나 건축가라 할지라도 무언가를 할 때는 반드시 밑그림부터 그려야 합니다. 스케치 단계에서 전체적인 구도의 문제가 생기거나, 건물의 경우 철골 구조에 이상이 있다면 그저 조금 손을 보는 선에서 해결이 되지 않습니다. 아예 새로 그리거나 새로 짓는 방법을 택해야 합니다. 요즘 말로 최대한 빨리 '손절'해야 하는 것입니다.

아이들의 공부도 마찬가지입니다. 부모님이 그리고자 하는 로드맵대로 가기 위해서는 대략의 스케치가 필요합니다. 본격적인 학습 시작 단계인 초등학생 시기에 로드맵을 제대로 그려놓고 기초 공부를 튼튼하게 하면 중간에 문제가 생겨도 바로잡을 수 있습니다. 반대로 이때 기초를 잘못 닦거나, 원리를 배워야 할 시기에 기술만 습득한다면 철골 구조를 만들지 않고 그냥 쌓기만 한 모래성처럼 언제 무너져도 이상하지가 않은 상태가 됩니다.

즉 '원칙'이 있어야 틀 밖에서도 자유로운 아이가 될 수 있습니다. 흔히들 아이를 자유롭게 키운다고 말하지만 사실 원리나 원칙 없이 마구잡이로 키우는 것과 일정한 규칙 안에서 자유를 주는 것 사이에는 큰 차이가 있습니다. 기본과 일정한 규칙을 알려주는 곳이 학교이고, 그런 학교 안에서 교육과정을 세세히 짚어주는 교과서를 바탕으로 제대로 학습하는 것이 필요합니다.

학교 수업보다 더 중요한 것은 없다

"중학생인데 알파벳을 몰라요."

"영어 교과서를 못 읽는 친구들이 너무 많아요."

"외국에서 살다 온 친구인데 중학교 내신이 걱정이에요."

영어 학원을 운영하는 원장님들을 만날 때마다 빠지지 않고 나오는 이야기입니다. 과거 부모 세대가 아니라 2022년 지금의 이야기입니다.

제가 강연에서 이런 이야기를 할 때마다 초등 자녀를 둔 대부분의 어머님들이 "말도 안 돼! 그런 일이 가능한가요? 중학생인데 알파벳을 모른다고요? 요즘이 어떤 시댄데, 어렸을 때부터 영어를 배우고 나면 그때쯤엔 다 잘하는 거 아니에요?" 하고 반문을 하십니다. 또는 그건 어떤 특정 지역에 사는 아이들이라거나 공부를 너무 안 한 친구들이라고, 혹은 엄마 아빠가 너무 관심이 없어서 그런 것 아니냐고 합니다.

하지만 학부모님 중 자녀교육서를 챙겨 읽거나 관련 강연을 들으러 다니는 경우는 교육에 어느 정도 관심이 있는 분들입니다. 대한민국 전체를 놓고 봤을 때 이런 강연을 듣는 분들은 평균 이상의 학부모라고 생각하면 됩니다. 그러한 학부모님은 집에 있는 우리 아이만 보게 되죠. 그러나 학원 선생님은 학습 수준이 아주 낮은 아이부터 시작해서 높은 아이까지 마주하며 성적 분포가 굉장히 다양하다는 것을 알고 있을 겁니다. 그분들은 우리나라 영어 교육 수준이 여전히 높지 않다는 데도 동의할 겁니다. 사교육의 편차 역시 상당히 큰 편이고요. 어릴 때부터 영어를 접하고, 영어 유치원을 다니고, 사교육을 받는 친구들이 어쩌면 상위 10퍼센트일지도 모릅니다.

자, 그렇다면 아이들이 같은 지역에 살며, 같은 나이이고, 사는 환경도 크게 다르지 않다고 가정했을 때, 어째서 이런 격차가 생기는 걸까요? 그리고 학원 선생님은 종종 배움이 많이 부족한 친구들을 겪으면서 어떤 생각을 할까요? 네, 공교육에 대한 의문을 품게 됩니다. 학부모님이든 선생님이든 간에 공교육의 부재나 문제라는 인식을 어느 정도 갖고 있을 겁니다. 결국 이야기는 "학교에서 도대체 뭘 가르치길래"로 귀결되기 십상입니다.

하지만 저는 이 생각에 반대입니다. 영어 교과서는 별로 필요가 없고, 학교 영어는 쉽다는 편견을 부모님과 학생들이 먼저 갖고 있지는 않나요? 교과서가 아닌 사교육에 눈을 돌린 것은 부모님이 아닌가요? 이쯤에서 어느 정도 반성할 필요가 있습니다. 우리나라 공교육이 이렇게까지 무력화된 것은 비단 공교육 자체만의 문제는 아닙니다. 남보다 더 앞서가길 원하는 국민성에 있을지도 모릅니다. 어떤 좋은 교육 제도를 가져와도 우리나라에서는 사교육으로 변질될 가능성이 농후합니다. 기존 의식이 바뀌지 않는 한 이런 일은 계속 반복될 것입니다.

부모님은 다른 무엇보다도 학교 수업이 가장 중요하다는 사실을 아이들에게 잘 알려주어야 합니다. 중·고등학교는 그래도 내신 시험 덕분에(?) 아이들이 학교 수업에 집중하는 편이지만 초등학교는 그렇지 않습니다. 시험이 없다 보니 선행 학습의 수준이 빠른 아이들은 너무 쉬워서, 혹은 선행 학습이 안 된 아이들은 너무 어려워서 학교 수업을 등한시합니다. 어른으로서 초등학생 아이들에게 해주어야 할 말은 유명한 강사가 나오는 인터넷 강의를 들으라거나 다른 친구들보다 선행을 더 빠르게 나가라는 말이 아닙니다. 학교 수업을 제대로 듣고, 지금 배우는 내용에 충실해야 한다는 이야기를 해주어야 합니다. 그것이 기초를 닦는 연습 그 자체이기 때문입니다. 무엇보다 학교 수업과 교과서에 기반한 학습을 한 초등학생은 중·고등학교 때도 같은 방식으로 배움을 키워갈 가능성이 높습니다. 이는 곧 자기주도 학습으로 이어집니다.

우리가 쉽게 비판하고는 있지만 오늘날의 교육 현장은 옛날처럼 60명씩 앉아 수업을 듣고, 체벌을 하던 교사가 있던 그 모습이 아닙니다. 긴 세월 동안 조금씩 바뀌었고 또 앞으로도 바뀔 것입니다. 그 변화를 체감하지 못하고 주변의 이야기만을 좇아 공교육을 우리 스스로 후진화시키는 일은 이제 그만두어야 합니다.

교육과정을 알아야
아이 공부법이 보인다

 지금부터는 다소 어렵고 지루한 이야기를 좀 하려고 합니다. 마치 우리 아이들이 공부하는 과정과 꼭 닮았을 겁니다. 귀찮고 어렵기도 하지만 한 번은 꼭 짚고 가야 하는 내용이니만큼 한 손에 펜을 쥐고 읽어보시길 권합니다.

 부모님은 우리 아이가 지금 학교에서 무엇을 배우고 있는지 아시나요? 자녀의 교과서를 본 적이 있나요? 코로나로 온라인 학습이 늘어나면서 예전에는 사물함에 보관하던 교과서를 집으로 가져오게 됐습니다. 본 적 없던 아이들의 교과서를 펼쳐보면서 부모님들은 어떤 생각 또는 행동을 할까요? "와, 우리 때 비하면 교과서가 엄청 좋아졌네", "오, 이런 교과서로 공부한다고?

공부할 맛 나겠다" 등 이렇게 생각하고 휘리릭 넘겨본 후 책장에 다시 꽂아놓은 경험, 다들 있으시지요?

이런 행동이 잘못되었다거나 나쁘다고 비난하려는 것이 아닙니다. 왜 이렇게 할 수밖에 없는지가 더 중요합니다. 부모님은 당연히 아이가 공부하는 교과서의 내용이 궁금해서 펼쳐 보지만 초등학교 교과서는 글자보다 그림이 더 많습니다. 그래서 도대체 무엇을 봐야 할지 모르는 게 문제입니다. 아이도 마찬가지입니다. 공부를 시작할 때나 새로운 단원을 배울 때, 단원 목표를 항상 꼼꼼하게 봐야 한다는 것쯤은 잘 알고 있습니다. 많은 전문가가 이런 이야기를 하기 때문에 중요하다는 사실은 다들 알고 있습니다. 하지만 단원 목표가 도대체 어디에 나와 있으며, 이를 찾았다고 해도 어떻게 해석해야 할지 모르는 경우가 대다수입니다.

왜 이런 일이 일어날까요? 바로 일상적인 대화체로 쓰여 있지 않은 교육과정 때문입니다. 어려운 한자어가 많이 사용된 것도 아니지만 문자 그대로 해석하면 너무 당연하고 뻔한 이야기 같아서 대부분이 주의 깊게 보지 않는 것입니다. 하지만 그 문구가 내포하고 있는 의미를 하나하나 해석할 수 있다면 교육과정이 달리 보일 겁니다. 그렇다면 이런 내용을 학부모인 비전문가 입장에서 어떻게 해석하고 이해해야 하는지에 대한 설명을 해보도록 하겠습니다.

현재 우리는 2015 개정 교육과정을 따르고 있습니다. 2022년 개정 교육과정 준비가 진행되고 있지만 큰 틀에서는 2015년 개정 교육과정을 벗어나지 않을 예정입니다. 이를 어떻게 확신할

1~7차 교육과정

교육과정		시기	내용
1차 교육과정		1954년	광복 이후 정부 주도 첫 교육과정
2차 교육과정		1963년	국민교육헌장이념의 구현, 생활 중심 교육과정
3차 교육과정		1973년	학문 중심 교육과정, 기술의 쇄신 강조
4차 교육과정		1981년	교육 정상화를 위한 교육 개혁의 추진
5차 교육과정		1988년	통합 교육과정의 제정
6차 교육과정		1992년	21세기를 주도할 건강하고 자주적이며 창의적이고 도덕적인 한국인 육성
7차 교육과정	7차 교육과정	1997년	자율과 창의를 바탕으로 한 학생 중심 교육과정, 수준별 교육과정 도입
	2007 개정	2007년	수시 교육과정으로 바뀐 첫 교육과정, 국가 수준의 공통성과 개인 수준의 다양성을 동시에 추구하는 교육과정
	2009 개정	2009년	창의성과 인성을 갖춘 글로벌 인재 육성을 목표로 영어권 및 비영어권 사람과의 의사소통 능력 신장에 도움이 되도록 개정
	2015 개정	2015년	창의 융합형 인재 양성에 대한 국가·사회적 요구가 배경이 되어 이런 인재를 양성하기 위해 교육과정을 개정(문·이과 통합)
	2022 개정 예정	2022년	자기주도성을 가진 미래 사회에 적합한 인간상을 위한 핵심 역량의 체계화한 교육과정, 디지털 소양 기르기 및 환경, 생태 교육 등을 교육 목표에 반영하는 방안 마련 (세부 개편안 미발표 상태)

※ 검·인정 교과서의 경우 학교급 간 또는 과목 간 개정 시기가 상이할 수 있습니다.

수 있는지에 대해서는 앞의 1~7차 교육과정이 정리된 표를 보시면 이해가 될 것입니다. 전반적인 교육과정의 변천사와 함께 특히 7차 교육과정 이후 전면 개편이 아닌 '일부 개정'이 되어 왔음을 파악할 수 있습니다. 이를 알면 자녀의 교육과정을 이해하는 데 도움이 될 것입니다.

표에서 나타나 있듯이 현재는 7차 교육과정 이후 전면 개정을 하지 않고 '부분, 수시' 개정 방식이 도입되어 있습니다. 이는 개정이 필요할 때는 언제든지 바꿀 수 있다는 취지를 포함한 것입니다. 반대로 이야기하면 아주 큰 폭의 획기적인 변화는 없을 것이라는 뜻입니다. 기존의 교육과정을 고수하되, 국민적 합의가 필요하거나 시대의 변화에 발맞추어 수정할 것이 생겼을 때 기존 교육과정을 기반으로 하여 일부 개정을 하겠다는 의미인 셈이죠. 그러므로 부모님도 현재 교육과정을 딱 한 번만 잘 이해해하면 다음번 개정 교육과정에서는 바뀐 부분만 확인하면 됩니다. 전혀 어렵지 않습니다.

2015 개정 교육과정 초·중·고 각 단계별로 톺아보기

앞의 표에서 나타나 있듯이 교육과정의 전반적인 변화를 보면 나라가 발전함에 따라 교육의 방향과 목표도 함께 발전함을 알 수 있습니다. 그렇다면 현재 2015 개정 교육과정 속 초·중·고등학교의 교육 목표는 어떠한지 구체적으로 살펴보겠습니다.

너무 당연한 소리 같지만 자세히 뜯어보면 각 학교급에서 요구하는 내용이 점차 확장됨을 알 수 있습니다. 또 아이들의 발달 시기에 필요한 적절한 활동에 대한 힌트가 많이 숨어 있습니다.

가. 초등학교 교육 목표

초등학교 교육은 학생의 일상생활과 학습에 필요한 기본 습관 및 기초 능력을 기르고, 바른 인성을 함양하는 데에 중점을 둔다.

(1) 자신의 소중함을 알고 건강한 생활 습관을 기르며, 풍부한 학습 경험을 통해 자신의 꿈을 키운다.
(2) 학습과 생활에서 문제를 발견하고 해결하는 기초 능력을 기르고, 이를 새롭게 경험할 수 있는 상상력을 키운다.
(3) 다양한 문화 활동을 즐기고 자연과 생활 속에서 아름다움과 행복을 느낄 수 있는 심성을 기른다.
(4) 규칙과 질서를 지키고 협동 정신을 바탕으로 서로 돕고 배려하는 태도를 기른다.

▶ 내용 해설

초등 시기에는 대체로 기본 생활 습관과 기초 능력, 규칙과 질서 등을 강조합니다. 이 시기에는 가정에서도 마찬가지의 활동을 하게 하고, 이 부분이 잘 수행될 수 있도록 지도해주어야 합니다. 많은 교사나 교육 전문가가 공부 및 독서 습관 등을 초등 시기에 잡아주어야 한다고 강조하는 것이 그냥 나온 말이 아닙니다. 초등 교육과정의 목표에 명시되어 있고, 이 내용이 과정 전반에 세세하게 녹아져 있습니다.

(1)의 항목에서 건강한 생활 습관을 기르라는 말은 식습관 등의 기초 생활 습관을 정돈하는 때가 초등 시기임을 의미합니다. 입학 전에는 학습적인 부분보다 자리에 몇 분 이상 앉아서 집중하는 습관, 혼자서도 화장실을 다녀올 수 있는 능력, 학교 급식실에서 혼자 젓가락질을 하지 못하는 상황이 생기지 않도록 미리 준비하는 연습 등이 필요합니다. 고학년이 되면 아침에 스스로 일어나 학교 가기, 자신의 물건은 직접 챙기기 등으로 확장됩니다. 본인의 시간을 스스로 관리할 수 있는 능력을 기르는 것이 초등학교 6년간 해야 할 일입니다.

(2)의 항목에서 기초 능력이라함은 단순히 초등 저학년이 알아야 하는 한글이나 기본 숫자 개념을 말하는 것이 아닙니다. 학습과 생활에서 문제를 발견하고 해결하는 기초 능력이라고 했으므로, 초등 6년 교육과정에 포함된 모든 과정을 다 잘 수행하는 것을 기초 능력이라고 이해하면 됩니다. 이는 문제 해결력과도 관련이 있습니다. 교과서에 예전과 달리 문제 해결을 요하는 질문이나 학습 목표, 도전 문제 등이 많이 포함되어 있기 때문에 이러한 교육과정도 잘 수행할 수 있어야 초등 시기의 기초 능력을 올바르게 수행했다고 할 수 있습니다.

(3)의 다양한 문화 활동을 즐기며 심성을 기른다는 것은 교실 안에서의 학습뿐 아니라 바깥 활동을 하거나 음악이나 미술 같은 심미적 활동까지 병행한다는 뜻입니다. 이 시기에는 가정에서도 미술관이나 박물관 방문과 같은 문화 체험을 다양하게 겪을 수 있도록 해주면 도움이 됩니다. 많은 전문가가 초등 시기에 체험 학습의 중요성을 강조하는 이유에 이런 배경이 있다는 것을 알아두면 좋겠습니다. 초등 시기의 학습이나 교육은 이런 부분에서부터 조금씩 격차가 벌어지기 시작합니다.

(4)의 항목에서 규칙과 질서를 지키고 배려하는 태도를 기르라는 부분은 가정 내 규칙뿐만 아니라 집 밖에서도 규칙과 질서를 지킴으로써 다른 사람과 잘 지내는 과정을 배워가는 때가 초등 시기라는 점을 일깨워주는 대목입니다. 이 세상은 혼자 살아가는 곳이 아님을 알며, 학교라는 공적인 기관에서 가족 이외의 사람들과 부대끼며 살아가는 시간을 처음 겪게 되는 것이 초등 시기입니다. 어린이집이나 유치원에서는 엄마 대신 누군가가 밥을 주고, 씻겨주고, 재워주며 돌봐주지만 초등학교는 이런 보육의 개념에서 벗어나는 단계입니다. 여러 친구들, 선생님과 관계를 이어가고 갈등 상황을 처리하는 능력을 배우게 됩니다. 그중에서도 배려하는 태도를 강조하는 것은 이때가 사회적 약자에 대한 시선도 올바르게 정립해야 하는 시기이기 때문입니다.

나. 중학교 교육 목표

중학교 교육은 초등학교 교육의 성과를 바탕으로 학생의 일상생활과 학습에 필요한 기본 능력을 기르고, 바른 인성 및 민주 시민의 자질을 함양하는 데에 중점을 둔다.

(1) 심신의 조화로운 발달을 바탕으로 자아존중감을 기르고, 다양한 지식과 경험을 통해 적극적으로 삶의 방향과 진로를 탐색한다.
(2) 학습과 생활에 필요한 기본 능력 및 문제 해결력을 바탕으로 도전정신과 창의적 사고력을 기른다.
(3) 자신을 둘러싼 세계에서 경험한 내용을 토대로 우리나라와 세계의 다양한 문화를 이해하고 공감하는 태도를 기른다.
(4) 공동체 의식을 바탕으로 타인을 존중하고 서로 소통하는 민주 시민의 자질과 태도를 기른다.

▶ 내용 해설

교육 목표 중 가장 처음 나오는 말에 집중해야 합니다. 바로 '초등학교 교육의 성과를 바탕으로'라는 표현입니다. 우리나라 교육과정은 초·중·고 각 단계별 간 차이가 큰 편입니다. 중·고등학교와 달리 초등학교는 교사 임용 방식도 다르기 때문에 유독 초등학교는 더욱 더 동떨어진 느낌을 많이 받게 됩니다. 그리고 부모님들도 초등학교 때까지는 아직 어린이라서 서툰 면이 있으니 뭐든 간에 조금은 빼먹고 가도 괜찮다고 생각하는 경향이 있습니다.

하지만 잘 생각해보아야 합니다. 적어도 초등 교육과정에서 언급했던 사안들은 기본 중의 기본이라서 놓치고 가게 되면 중학교에서 "그래, 넌 어린이라서 조금 천천히 하는구나, 기다려줄게"라며 이해해주지 않는다는 겁니다. 그러므로 초등 시기에 갖추어야 할 기본 사항들은 반드시 챙기고 중등 과정을 시작해야 합니다. 여기에는 학습적인 부분도 포함됩니다.

(1)의 내용을 봅시다. 초등 교육과정에서는 자신의 소중함을 안다고 표현되었던 것이 중학교에서는 '자아존중감'으로 바뀌었습니다. 그리고 다양한 지식과 경험을 통해 적극적으로 삶의 방향과 진로를 탐색한다는 말이 언급되어 있습니다. 중학생 자녀를 둔 학부모님은 아시겠지만 현재 교육과정에서 중학교 1학년은 자유학년제를 채택하게 하여 진로를 탐색할 수 있는 시간을 줍니다. 그만큼 2015 개정 교육과정에서는 중학교 시기에 진로를 탐색해보고 가능하면 미리 정해놓는 것을 권장합니다. 이는 대입과 관련이 있는 부분으로, 미리 준비해두면 분명 유리한 부분이 있습니다. 하지만 아직 진로를 확정적으로 정하기엔 어린 나이이므로 꿈이나 진로 선택을 강요하는 태도는 지양해야 합니다.

(2)에서는 도전 정신과 창의적 사고를 기른다는 말이 나옵니다. 이 부분은 어떻게 해석하면 좋을까요? 이는 일단 학교에서

배우는 기본적인 학습 역량을 가지고 있어야 한다는 의미를 내포합니다. 더불어 문제 해결력도 함께 요구됩니다. 초등학교 시기에도 문제 해결력을 중요하게 여겼던 것을 기억하시죠? 중학생이 되면 기초적인 문제 해결 방법은 초등 단계에서 습득했다고 보고, 거기에 도전 정신과 창의적 사고력까지 요구합니다. 도전 정신이라 함은 기존 교과 내용에 국한하지 않고 한걸음 더 나아간 사고의 확장을 의미하며, 이는 곧 창의적 사고력과 연계가 됩니다. 그리고 이 모든 것의 기반은 초등학교에서부터 배워온 기본 지식과 학습 내용을 바탕으로 합니다.

초등학교 시기에는 가족을 벗어나 지역 사회에서 우리나라의 문화를 배우고 체험하는 것이 목표였다면 (3)의 내용을 보면 알 수 있듯 중학교에서는 '세계'로 시각이 확장됩니다. 그래서 중학교 교육과정에는 세계 문화와 관련지어 하는 활동이 초등 시기보다 더 늘어납니다. 사회 과목의 경우는 초등학교 5학년 때 국사를 배우는데, 중학교에서는 2학년 때 세계사, 3학년 때 다시 국사를 배웁니다. 아이가 가진 세계관을 확장하는 시기가 바로 중학교 때라고 보면 됩니다.

마지막으로 (4)의 항목을 봅시다. 초등학교 때는 교내 규칙을 잘 지키고 지역 사회에서 타인을 배려하는 것을 배웠다면 중학교는 본격적으로 민주 시민으로 잘 성장하기 위한 발판을 마련하는 시기입니다. 중학교를 다니는 동안 아이는 알게 모르게 민주 시민으로서 해야 할 올바른 행동, 규칙, 마음가짐 등을 배우게 됩니다.

다. 고등학교 교육 목표

고등학교 교육은 중학교 교육의 성과를 바탕으로, 학생의 적성과 소질에 맞게 진로를 개척하며 세계와 소통하는 민주 시민으로서의 자질을 함양하는 데에 중점을 둔다.

(1) 성숙한 자아의식과 바른 품성을 갖추고, 자신의 진로에 맞는 지식과 기능을 익히며 평생 학습의 기본 능력을 기른다.
(2) 다양한 분야의 지식과 경험을 융합하여 창의적으로 문제를 해결하고, 새로운 상황에 능동적으로 대처하는 능력을 기른다.
(3) 인문·사회·과학기술 소양과 다양한 문화에 대한 이해를 바탕으로 새로운 문화 창출에 기여할 수 있는 자질과 태도를 기른다.
(4) 국가 공동체에 대한 책임감을 바탕으로 배려와 나눔을 실천하며 세계와 소통하는 민주 시민으로서의 자질과 태도를 기른다.

▶ 내용 해설

고등학교의 교육 목표 맨 처음에도 같은 이야기가 나옵니다. '중학교 교육의 성과를 바탕으로'라는 문구가 보이지요? 중학교 때 배우는 학업의 양은 초등 시기와 차이가 크게 납니다. 중학교 생이 된 뒤에 학습의 결손이 생기면 곤란합니다. 그리고 고등학교 교육과정부터는 글로벌 인재로 키우겠다는 야심 찬 메시지도 느껴지지요?

(1)에서는 '자신의 진로에 맞는 지식'이라는 말이 나옵니다. 처음부터 진로에 맞는 지식과 기능을 익히며 평생 학습의 기본 능력을 기르는 것을 목표로 한다는 것이지요. 중학교 때는 진로를 탐색했다면 고등학교부터는 반드시 그에 맞는 지식과 기능을 익혀야 합니다. 상황이 이렇다 보니 중학교 때 진로를 미리 탐색하고 정해놓는 것이 대입에 얼마나 큰 이득이 되는지 아시겠지요? 고등학교에 와서는 탐색보다는 바로 지식과 기능을 습득하길 원합니다. 그리고 그것을 평생 학습의 기본 능력을 기르는 데 사용하라고 합니다.

(2)의 내용은 2015 개정 교육과정의 핵심이기도 한데요. '융합'이라는 단어가 드디어 등장합니다. 다양한 분야의 지식과 경험을 각각의 분야에 응용하라는 것이 아니라 융합을 하라고 합니다. 여러 지식을 습득하는 과정은 중학교에서 이미 했어야 하고, 그 지식을 바탕으로 하여 고등학교에서는 융합하고 확장을 하게 되는 것이죠. 모든 교과가 이와 비슷한 흐름으로 구성되어 있습니다. 교과목도 초등 시기에는 맛보기를 했다면 중학교에서는 해당 교과목에 대한 규칙이나 공식을 알려주고, 고등학생이 되면 규칙이나 공식을 바탕으로 확장하는 연습을 하는 것입니다.

(3)을 보면 이제 새로운 문화 창출에까지 기여하기를 요구합니다. 인문·사회·과학 분야의 소양을 고루 갖추어야 합니다. 즉 고등학교 시기에는 초·중학교에서 배운 지식을 바탕으로 본격적으로 학업에 정진해야 함을 알 수 있습니다.

끝으로 (4)에서는 국내가 아닌 아예 국제 무대에서 활약할 수 있는 미래의 인재를 키워낸다는 의미가 많이 내포돼 있습니다. 이는 국가 경쟁력을 높이기 위해 고등 교육과정에 많은 힘을 쓰겠다는 메시지입니다. 단순히 대학을 위한 발판이 고등 교육과정의 전부가 아닙니다. 고등학교에서 배우는 교과 과정을 모두 잘 이수한다면 어느 정도의 영어 실력이 갖추어진 채로 사회에 진출하게 되고, 타 교과목에서도 그에 준하는 실력을 바탕으로 미래 인재로서의 자질을 얻게 된다는 의미가 있습니다.

자녀를 꼭 좋은 대학에 보내고 싶다면

교육과정이란 얼핏 보면 누구나 할 수 있는 말이자 형식적인 글이라고 생각할 수 있습니다. 하지만 이러한 기본 교육과정의 목표 속 행간조차도 잘 읽지 못하는 경우가 많습니다. 각각의 학교 단계에서 지키고 또 배워야 할 기본적인 태도나 목표가 잘 드러나 있지만 많은 분이 제대로 보지 않습니다. 이것이 가장 큰 문제입니다.

사실 대학을 잘 가기 위해서는 교육과정을 잘 이해하면 답이

심플하게 나올 때가 많습니다. 복잡하다고 생각되지만 대학에서 요구하는 인재는 초·중·고 생활을 잘해온 아이입니다. 얼마나 성실하게 학교에서 요구하는 학습 수준, 태도, 역량을 키워왔는지를 보는 것이죠. 그럼에도 불구하고 많은 학부모님이 여전히 학교 밖 사교육 시장에서만 대입의 답을 찾으려고 합니다. 영어는 더욱 심하지요. 그렇다 보니 어렸을 때부터 지속된 과한 학습으로 인하여 '영어 거부증'이 온 아이들이 많습니다. 설령 과정을 잘 따라오는 아이가 있다 하더라도 사교육 비용은 만만치 않습니다. 그렇다면 공교육에서 제공해주는 기본 서비스를 잘 활용하는 것이 유리하지 않을까요? 공교육에서 배우는 내용을 바탕으로 가정에서 조금만 도와준다면 부모님은 과한 비용을 지불하지 않고도, 아이가 어릴 때부터 영어, 영어 노래를 부르지 않고도 대입까지 도달하는 데 전혀 문제가 생기지 않습니다.

실용 영어인 회화도 잘하고, 시험에서도 만점을 받는 아이가 되게 하려고 많은 부모님이 고민하는 것을 잘 압니다만, 현실적으로 둘 다 잘할 수 없다면 한 가지를 선택해야 하는 시점이 반드시 옵니다. 저는 그런 선택을 해야 하는 시점에서 많은 분이 우왕좌왕하며 갈등을 겪는 모습을 자주 봐왔습니다. 이유는 한 가지입니다. 공부의 기준이 없기 때문입니다. 언제부터 시험 대비를 위한 공부를 시작해야 하고, 왜 해야 하는지에 대한 기준이 없다면 아이도, 엄마도 혼란스러울 수밖에 없습니다. 이러한 고

민에 대한 답을 주고, 단단한 기준을 세울 수 있게 해주는 것이
바로 교육과정이 아닐까 싶습니다.

부모가 반드시 알아야 하는
여섯 가지 핵심 역량

DeSeCo(이하 '데세코') 프로젝트를 들어보신 적 있나요? OECD
에서 1997년부터 진행한 프로젝트 'Definition and Selection of
Key Competences'의 약자입니다. 이 프로젝트에서는 크게 세
가지 영역을 제시하는데, 우리나라 2015 개정 교육과정 속 핵심
역량에도 포함이 되는 부분이기도 합니다.

EBS 프로그램 중 「누가 1등인가」라는 다큐멘터리가 있습니
다. 이는 몇 해 전 EBS에서 '시험'을 주제로 방영한 것인데, 바로
데세코 프로젝트에서 소개하는 역량에 대한 검사를 했습니다.
프로그램에서는 총 아홉 명의 학생이 등장합니다. 이 중에는 꼴
찌도 있고 1등도 있지만 정체를 미리 밝히지 않습니다. 그리고

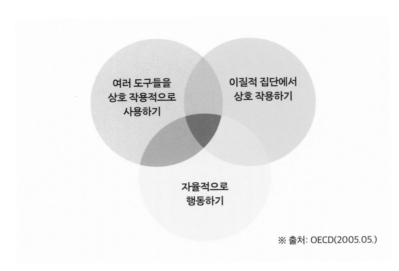

데세코 프로젝트의 핵심 역량

학생들은 도표에 나온 역량을 평가하기 위한 미션을 수행합니다. 그 과정에서 전문가들은 학생들이 어떤 역량을 갖추었는지 살피고, 각 학생들의 수준이 어느 정도인지 평가합니다. 어떠한 행동을 한 것을 보니 저 학생이 1등인 것 같다, 내지는 이와 같은 태도를 보이는 것을 보니 아마도 학업 역량이 떨어지는 학생인 것 같다는 등의 예측을 합니다.

하지만 마지막에 학생들의 정체가 공개되는 장면에서 전문가들이 무척이나 크게 놀랍니다. 다양한 역량을 가진 학생이 수능 성적 1등이 아니었던 겁니다. 심지어 전문가 중 한 명은 수능 성적이 꼴찌인 학생을 1등으로 지목했습니다. 이 실험은 우리가 미래에 필요하다고 여기는 역량이 꼭 공부를 잘하는 것과 연결되지 않는다는 사실을 보여줍니다. 즉 데세코에서 중요하다고 여기는 역량이 학업 역량과 완벽히 매칭이 되지는 않는다는 것입니다. 이는 데세코에서 미래 인재를 위한 역량으로 꼽는 요소들이 교과 학습에 얽매여 있지 않다는 이야기겠지요. 개인과 사회가 원하는 성공의 목표가 제각기 다르기 때문에 결국 요구되는 역량도 다를 수밖에 없는 것입니다.

개인을 위한 성공		사회를 위한 성공
- 좋은 일자리, 수입 - 개인의 건강, 안정 - 사회적 네트워크	VS.	- 경제적 생산성 - 사회 응집력, 공정, 인권 - 생태적 지속 가능성

결국 데세코 프로젝트는 실제 학교 교육과정으로 연결되기 어려웠고, 미래 학습을 위한 비전은 따로 모색해야 했습니다. 그래서 'OECD 교육 2030'이라는 프로젝트로 변형을 꾀했는데요. 그 당시 중학생이던 학생들이 취업을 하고 사회에 진출하는 시기인 2030년 무렵에 필요할 것으로 예상되는 미래 핵심 역량이 무엇인가를 고민하며 시작한 프로젝트입니다. 이는 학업 역량에 국한하지 않고 개인과 사회의 웰빙을 목적으로 규정하고 있습니다.

그럼 이 프로젝트가 우리나라 교육과정과 어떤 관계가 있다는 것인지 궁금하실 겁니다. OCED 교육 2030 프로젝트에서 교육과정 개발과 실행이라는 이슈와 관련해서 몇 가지 정책 영역을 설정한 것이 있는데, 이것이 2015 개정 교육과정 개발에 반영되었습니다. 이 내용을 바탕으로 교육과정이 수정되었고요.

(1) 과부화된 교육과정을 손보고 학습의 양을 경감할 것
(2) 변화된 교육과정을 실행하는 과정이 지나치게 오래 걸리는 것을 최대한 줄일 것
(3) 학습의 양을 경감하되 교육 내용의 질은 유지할 것
(4) 교육과정에서 모든 학생이 사회·경제·기술적 변화의 수혜자가 될 수 있도록 혁신성을 추구하면서도 형평성을 담보할 것
(5) 일관성 있는 노력을 할 것

영어 과목에서 요구하는 핵심 역량에 대하여

그렇다면 2015 개정 교육과정에도 반영된 이 역량들이 구체적으로 무엇을 이야기하는지 살펴보도록 하겠습니다. 그중에서도 영어과 핵심 역량의 여섯 가지 요소를 기준으로 보도록 하겠습니다. 영어과 핵심 역량은 '영어 의사소통 역량', '자기 관리 역량', '공동체 역량', '지식 정보 처리 역량', '심미적 감성 역량', '창

의적 사고 역량'입니다. 이 역량들은 비단 초등에 한정되지 않고 중·고등학교 시기까지 포함되는 내용입니다.

1. 영어 의사소통 역량

너무나도 당연한 영어과 역량이지요. 우리는 이제 더 이상 대한민국 땅 안에서만 살 수는 없는 환경 아래 놓여 있습니다. 코로나로 인해 해외여행이 쉽지 않은 것과는 전혀 별개의 일입니다. 기업은 이제 국내 시장만을 목표로 하지 않습니다. 국내 시장만을 목표로 하는 기업이라도 원자재 등을 외국에서 사오는 경우는 너무나 허다합니다. 개인적으로 영어를 쓰지 않겠다 결심해도 그러기가 어려운 상황에 봉착했다는 거지요. 요즘은 SNS나 유튜브도 국내 영상, 국내 소식만 전하지 않습니다. 공동체 속에서 우리는 본인의 의사를 정확하게 전달하고 상대방의 의견을 올바르게 수용하기 위해 필수불가결한 무기인 언어를 꼭 익혀야 합니다.

2. 자기 관리 역량

교육과정에서 자기 관리 역량이란 헬스로 체력을 단련하고 외모를 꾸미는 것 등을 이야기하는 것이 당연히 아니겠지요? 쉽게 말하자면 자기 주도성을 가지고 공부를 계획적으로 하는 것을 의미합니다.

이는 메타인지(자신이 아는 것과 모르는 것을 자각하는 일, 그리고 스스로 문제점을 찾아내어 자신의 학습 과정을 조절할 줄 아는 능력)와도 관련이 있습니다. 요즘은 예전에 비해 메타인지라는 말이 대중적으로 알려지게 되었는데요. 학생이 자신의 현재 위치를 알고, 무엇을 배우고, 무엇을 알게 되었는지 확인하는 절차가 곧 자기 관리 역량입니다. 일명 'KLW'라고 하는데요. 교과서의 새 단원을 배우기 전 이미 알고 있는 것이 무엇인지 확인하는 것이 'K(Know)', 해당 단원에서 무엇을 배우게 되는지, 또 무엇을 배웠는지 확인하는 것을 'L(Learn)'이라고 합니다. 그리고 단원을 마친 뒤에 혹시 더 배우고 싶은 내용이 없는지 생각해보는 과정을 'W(Want)'라고 합니다. 이를 확인할 수 있도록 교과서 단원 도입부에 '셀프 체크'라는 이름의 장치가 표시돼 있습니다. 이러한 내용은 자기 관리 역량이 강조된 2015 개정 교육과정 이후로 많은 교과서에서 볼 수 있습니다.

3. 공동체 역량

더 이상 혼자 살아갈 수 없는 시대에서는 협력과 협동 능력을 키우는 역량이 필요합니다. 요즘은 학교에서도 팀 프로젝트 수업이 늘어나는 추세입니다. 물론 서로의 다양한 의견을 듣고 조율하여 하나의 프로젝트를 완성하는 과정이 그리 녹록지는 않습니다. 하지만 학교라는 공간에서 반드시 익혀야 하는 역량 중

하나이며, 이 과정에서 아이들이 리더십, 타인에 대한 배려, 협업 방법 등을 배웁니다. 여섯 가지 항목 중에서 혼자서 익히기 어려운 부분이기 때문에 공교육을 통해 반드시 길러야 하는 중요한 역량입니다.

4. 지식 정보 처리 역량

그야말로 '지식'에 대한 부분입니다. 교과서 내용을 바탕으로 배우게 되는 모든 지식을 얼마만큼 잘 이해하고 활용하여 새로운 것에 적용할 수 있는지를 확인하는 역량입니다. 앞에서 배운 내용을 확인하는 교과서의 단원 평가나 단원 마무리 등이 이를 점검하는 부분입니다.

5. 심미적 감성 역량

지식과 소통, 공동체 역량을 키우는 과정에서 타인에 대한 이해나 공감 능력 역시 필요합니다. 그런 능력을 키우기 위해서 다양한 방법이 있겠지만 교육과정에서 제시하는 것은 '예술'과의 결합입니다.

미술이나 음악, 신체 활동 등 다양한 예술 분야의 경험을 토대로 인간은 심미적 감성 역량을 어느 정도 키울 수 있다고 합니다. 실제 영어나 국어 교과서에서 화가의 삶, 미술 작품 해석, 특정 음악이 탄생한 스토리 등을 소재로 삼는 데는 그러한 배경이 있습니다. 국어나 영어는 도구적 학문이기 때문에 그 자체로 심미적 감성 역량을 키우기는 어렵습니다. 따라서 음악, 미술, 체육 교과 및 지식과 융합하여 학생들에게 여러 정보를 제공합니다. 관련 글을 읽고, 추가 자료를 찾아보면서 아이들은 지식 정보 처리 역량과 함께 감성, 공감, 감상 능력을 키우게 됩니다.

6. 창의적 사고 역량

2015 개정 교육과정에서 가장 중요하게 생각하는 역량입니다. 창의적 사고는 이전 교육과정에서도 지속적으로 강조되었는데, 2015 개정 교육과정에서는 아예 창의 융합형 인간상을 길러내는 것을 주요 목표로 잡고 있습니다. 단순 창의적 사고를 넘어서 계열, 학문 간 융합을 지향하는 것이지요. 바로 미래 사회에서 요구되는 역량이라고 판단했기 때문입니다. 이를 계기로 문·이과 통합 교육과정이 시작되었고, 계열 간 단절이 아닌 통합의 시대가 열렸습니다. 당장 입시를 앞둔 학생들에게는 그 의미가 잘 와닿지 않거나 혼란스러울 수 있지만 국가적 차원에서 이런 움직임이 있다는 것을 인지한다면 학부모님이나 학생 모두에게 도움이 될 것입니다.

위에서 살펴본 여섯 가지 역량은 개별적으로 교과서에 제시되기보다 두 개 내지 세 개 정도 같이 섞여서 제시됩니다. 예를 들어 영어 교과서에서 '태국의 전통 의상'에 대해 묻는 문제가 있다고 가정하면 먼저 지식 정보 처리 역량이 포함된 것이고, 태국이라는 타문화에 대한 공감 차원에서 심미적 감성 역량, 공동체 역량 등도 함께 기르고자 하는 것이라 볼 수 있습니다. 나아가 태국 전통 의상에 대해 외국인에게 영어로 설명하라고 한다면 의사소통 능력까지 포함됩니다. 이렇듯 여섯 개의 역량은 따로따로 구분되기보다는 종합적으로 제시되므로 총체적으로 이해하는 능력이 필요합니다.

초등 영어는 간단한
의사소통 위주라 쉽다?

　요즘 SNS를 보면 엄마표 영어에 대한 관심이 높아져 있는 상황임을 알 수 있습니다. 코로나로 인해 가정 학습은 생활의 일부가 되었습니다. 하지만 너무 많은 정보에 치여 무엇이 진짜 정보이고, 무엇이 가짜 정보인지는 잘 알아볼 수 없는 상태에 놓인 것 같다는 생각이 들지 않나요? 혹은 '영어는 언어이니 실용 영어가 답이다', '엄마표로 어렸을 때부터 발화하는 것에 집중해야 한다' 등의 이야기에 혹해서 무작정 전집을 사거나, 태블릿으로 영어 영상을 무한 반복해 보여주다가 아이와 실랑이를 한 적이 있지는 않나요?

　앞에서 나온 이야기가 틀린 것은 아닙니다. 언어는 정말 많이 들어야 비로소 발화가 되니까요. 너무나 당연한 이치입니다. 다만 마음 한 켠에는 이런 생각도 듭니다. 아직 아이가 너무 어린데, 미디어 노출은 좋지 않다고 하던데, 꼭 영어를 잘해야만 할까……, 하지만 우리가 사는 이 세상은 더 이상 모국어 하나만으로 살아가기 힘든 곳이 되었습니다. 물론 AI 기반의 번역기가 더욱 발전되기는 하겠지만 모든 분야에서 인간이 하던 일을 기계가 100퍼센트 대체할 수 있다고 보기는 어렵습니다. 이 점 역시 우리는 이미 잘 알고 있습니다.

'폴라니 역설'이라는 것이 있습니다. 사람들이 암묵적으로 이해하고 별 노력 없이 할 수 있는 일들 중에 기계가 대체하기 어려운 일이 있다는 것입니다. 예를 들면 달걀 껍데기를 벗기는 일이 그렇습니다. 이는 어떤 법칙으로 조직화해서 기계에 입력하기가 어렵다는 거지요. 자동차를 만드는 공장에서도 대체로 많은 단계의 업무를 기계가 대신할 수 있지만, 부품을 적당한 위치에 끼워 넣어야 하는 작업만큼은 기계보다 인간이 직접 감으로 하는 것이 더 효율적이라고 합니다. 이렇듯 아무리 기술이 발전해도 기계에게 모든 것을 맡길 수 없다는 사실을 알 수 있습니다. 그렇다면 정말 완벽한 번역기가 개발되어 나온다고 해도 인간의 마음과 미묘한 뉘앙스까지 전달할 수 있는 완벽한 대체재는 아닐 거라는 뜻이죠. 그럼 앞으로의 세상을 살아갈 우리 아이의 영어 공부, 과연 어떻게 접근해야 할까요?

Top Down vs. Bottom Up

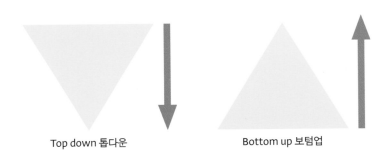

Top down 톱다운   Bottom up 보텀업

실용 영어 학습을 위해 아이에게 어릴 때부터 영어라는 언어를 노출시켜주는 방법을 'Top Down(하향식 모형, 이하 '톱다운') 방식'이라고 부릅니다. 아이에게 쏟아붓듯이 언어를 노출시켜주고, 시간이 지날수록 그 언어의 사용을 조금씩 정교하게 해나가는 것을 말합니다.

하지만 이 방식은 우리나라처럼 EFL(English as a foreign language, 외국어로서의 영어) 환경에서는 모든 가정에서 실천하기란 쉽지 않습니다. 많은 부모님이 공교육에서는 영어를 왜 그렇게밖에 못 가르치냐는 한탄을 많이 하시는 편입니다. 하지만 일대일 수업이 아니라 일 대 다수로 수업을 운영해야 하는 시스템 속에서는 사실 톱다운 방식을 도입하기 어렵습니다. 그러다 보니 교육 현장에서는 'Bottom Up(상향식 모형, 이하 '보텀업') 방식'을 주로 씁니다. 이는 현재 공교육 또는 사교육 기관에서 하는 방식으로, 문자를 먼저 알려주고 읽기를 학습하게 한 후, 언어의 규칙인 문법을 가르칩니다. 즉 언어의 문자와 소리를 가르친 후에 규칙을 이해하게 하여, 언어에 보다 가까이 접근하면서 어휘 확장을 통해 완성하는 방식입니다.

현재 부모인 우리 세대들은 주로 이렇게 공부했습니다. 그중에서 많은 성공 사례가 있긴 하지만 대부분은 실패했다고 보고 국가 전체적으로는 큰 성과를 이루었다고 할 수 없는 상황이 되었습니다. 그래서 이제는 방식을 바꾸어야 한다는 목소리가 높아지며 공교육에 변화가 생긴 겁니다. 실제로 현재 초등 교육과정은 문자 중심이 아닌 의사소통 중심으로 구성돼 있습니다. 하지만 이런 것들이 왜 현장에서 구현이 쉽지 않은 것인지 상세히 알려드리도록 하겠습니다.

실제 교실에서 영어 수업은 어떻게 진행될까

한국교육과정평가원에서는 교과서를 개발 및 검정하는 업무를 합니다. 교과서를 만들고, 만들어진 교과서가 현장에서 의도대로 잘 사용되기를 바라지만 사실 기획한 사람이나 교과서를 실제로 구현하는 사람 모두 현재의 영어 교육이 무언가 비효율적이라는 사실은 잘 알고 있습니다.

여전히 현장에서는 여러 행정적인 문제로 해결이 쉽지 않아 보이는 부분들이 있습니다. 특히 초등학교에서는 영어 전담 교사를 두고 있기 때문에 다른 과목과 영어가 조금은 동떨어진 채 수업이 진행되는 경우가 많습니다. 게다가 우리나라에서는 교사가 공무원이며, 세상의 다른 변화에 비해 학교라는 현장은 몹시 느리게 변화합니다. 조직의 특성이기도 합니다. 교육과정이 변화하고 그에 맞게 교과서도 바뀌지만 학교 현장에서는 그 속도를 따라가지 못하는 모습을 종종 보게 되는 이유가 바로 이 때문입니다.

심지어 각종 멀티미디어 자료나 디지털 교과서를 제공하여도 학교에서 사용하지 않아서 이용률이 현저히 낮은 모습을 보여주기도 합니다. 혹은 어떤 교사는 작년에 처음으로 영어 전담 교사가 되었는데 올해 갑자기 교과서가 바뀌게 되면서 혼란을 겪기도 했고, 누군가는 갑작스럽게 영어 전담 교사가 되는 경우도 있습니다. 학교마다 사정이 달라 원어민 교사가 있기도 하고 없기도 하죠. 이 모든 상황을 교과서를 만드는 출판사나 한국교육과정평가원에서는 속속들이 알 수가 없습니다. 어떤 자료가 언제, 어떻게 필요한지 잘 모르는 경우도 허다하지요.

하지만 코로나가 가져다준 큰 변화가 있습니다. 온라인 자료를 적극적으로 활용할 수밖에 없도록 교육 현장이 바뀌었습니다. 제공은 되었지만 어디에 있는지 몰랐던 자료, 어떻게 활용하고 구현해야 할지 몰랐던 자료 등을 교사들이 찾아 쓰기 시작한 겁니다. 그토록 느리게 변화하던 학교 현장이 빠르게 움직이게 되었습니다. 아주 고무적인 일이 아닐 수 없습니다. 특히 영어처럼 시청각 자료가 많이 필요한 수업일수록 온라인 자료 활용은 교사에게도, 교육의 수혜자인 학생에게도 좋은 일입니다.

나아가 교사는 만들어진 자료를 그대로 제공하는 것이 아니라 자신만의 콘텐츠를 만들기 시작했습니다. 온라인 공간에서 아이들의 호응을 이끌어내야 한다는 점 등 선생님 개개인의 역량이 무엇보다 중요해진 순간이 온 것입니다. 매번 교육과정이 달라질 때마다 종이 교과서가 바뀌었지만 현장에서는 변화의 움직임을 잘 포착하지 못하는 경우가 많았습니다. 하지만 이제는 많은 선생님이 종이 교과서 이상의 무언가를 구현해내며, 교육과정에서 요구하는 성취 기준을 맞추기 위한 다양한 노력을 하기 시작했습니다.

우리 아이 현재 영어 수준 점검해보기

2015 개정 초등 교육과정에서 초등 영어는 단순 지식 암기 위주에서 벗어나 '학생 참여'와 수행 및 과정에서 '역량' 평가를 강조하고 있습니다. 앞서 말했듯이 초등 영어는 '의사소통 중심' 교육과정이 핵심입니다. 그래서 듣기, 말하기, 읽기, 쓰기의 각 영역별로 성취 기준이 다릅니다. 다음에 나오는 학년별 성취 기준표를 참고해서 우리 아이의 영어 학습에 어떤 부분이 부족한지 확인하시기 바랍니다. 초등 교육과정에서 학년별로 반드시

점검해야 하는 부분에서 구멍이 생기면 이는 학습 결손으로 이어지기 때문에 꼭 유념해야 합니다. 현재 아이 학년에 맞게 체크리스트를 표시하며 내용을 살펴보세요. 아이에게 해당되는 영역에 체크한 다음 어떤 부분이 부족한지 확인해보시기 바랍니다. 다소 추상적인 표현이 섞여 있기는 하지만 아이의 공교육 소화 능력을 알아볼 수 있는 근거가 되는 내용이므로 꼭 점검해보세요.

교육과정 기호 읽는 법

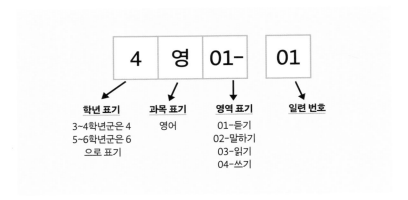

초등 3~6학년 영어 과목 성취 기준표

초등학교 3~4학년

(1) 듣기

- ☑ [4영01-01] 알파벳과 낱말의 소리를 듣고 식별할 수 있다.
- ☐ [4영01-02] 낱말, 어구, 문장을 듣고 강세, 리듬, 억양을 식별할 수 있다.
- ☐ [4영01-03] 기초적인 낱말, 어구, 문장을 듣고 의미를 이해할 수 있다.
- ☐ [4영01-04] 쉽고 친숙한 표현을 듣고 의미를 이해할 수 있다.
- ☐ [4영01-05] 한두 문장의 쉽고 간단한 지시나 설명을 듣고 이해할 수 있다.
- ☐ [4영01-06] 주변의 사물과 사람에 관한 쉽고 간단한 말이나 대화를 듣고 세부 정보를 파악할 수 있다.
- ☐ [4영01-07] 일상생활 속의 친숙한 주제에 관한 쉽고 간단한 말이나 대화를 듣고 세부 정보를 파악할 수 있다.

(2) 말하기

- ☐ [4영02-01] 알파벳과 낱말의 소리를 듣고 따라 말할 수 있다.
- ☐ [4영02-02] 영어의 강세, 리듬, 억양에 맞게 따라 말할 수 있다.
- ☐ [4영02-03] 그림, 실물, 동작에 관해 쉽고 간단한 낱말이나 어구, 문장으로 표현할 수 있다.
- ☐ [4영02-04] 한두 문장으로 자기소개를 할 수 있다.
- ☐ [4영02-05] 한두 문장으로 지시하거나 설명할 수 있다.
- ☐ [4영02-06] 쉽고 간단한 인사말을 주고받을 수 있다.
- ☐ [4영02-07] 일상생활 속의 친숙한 주제에 관해 쉽고 간단한 표현으로 묻거나 답할 수 있다.

(3) 읽기

- ☐ [4영03-01] 알파벳 대소문자를 식별하여 읽을 수 있다.
- ☐ [4영03-02] 소리와 철자의 관계를 이해하여 낱말을 읽을 수 있다.
- ☐ [4영03-03] 쉽고 간단한 낱말이나 어구, 문장을 따라 읽을 수 있다.
- ☐ [4영03-04] 쉽고 간단한 낱말이나 어구를 읽고 의미를 이해할 수 있다.
- ☐ [4영03-05] 쉽고 간단한 문장을 읽고 의미를 이해할 수 있다.

(4) 쓰기

- ☐ [4영04-01] 알파벳 대소문자를 구별하여 쓸 수 있다.
- ☐ [4영04-02] 구두로 익힌 낱말이나 어구를 따라 쓰거나 보고 쓸 수 있다.
- ☐ [4영04-03] 실물이나 그림을 보고 쉽고 간단한 낱말이나 어구를 쓸 수 있다.

초등학교 5~6학년

(1) 듣기

- ☑ [6영01-01] 두세 개의 연속된 지시나 설명을 듣고 이해할 수 있다.
- ☐ [6영01-02] 일상생활 속의 친숙한 주제에 관한 간단한 말이나 대화를 듣고 세부 정보를 파악할 수 있다.
- ☐ [6영01-03] 그림이나 도표에 대한 쉽고 간단한 말이나 대화를 듣고 세부 정보를 파악할 수 있다.
- ☐ [6영01-04] 대상을 비교하는 쉽고 간단한 말이나 대화를 듣고 세부 정보를 파악할 수 있다.
- ☐ [6영01-05] 쉽고 간단한 말이나 대화를 듣고 줄거리를 파악할 수 있다.
- ☐ [6영01-06] 쉽고 간단한 말이나 대화를 듣고 목적을 파악할 수 있다.
- ☐ [6영01-07] 쉽고 간단한 말이나 대화를 듣고 일의 순서를 파악할 수 있다

(2) 말하기

- ☐ [6영02-01] 그림, 실물, 동작에 관해 한두 문장으로 표현할 수 있다.
- ☐ [6영02-02] 주변 사람에 관해 쉽고 간단한 문장으로 소개할 수 있다.
- ☐ [6영02-03] 주변 사람과 사물에 관해 쉽고 간단한 문장으로 묘사할 수 있다.
- ☐ [6영02-04] 주변 위치나 장소에 관해 쉽고 간단한 문장으로 설명할 수 있다.
- ☐ [6영02-05] 간단한 그림이나 도표의 세부 정보에 대해 묻거나 답할 수 있다.
- ☐ [6영02-06] 자신의 경험이나 계획에 대해 간단히 묻거나 답할 수 있다.
- ☐ [6영02-07] 일상생활 속의 친숙한 주제에 관해 간단히 묻거나 답할 수 있다.

(3) 읽기

- ☐ [6영03-01] 쉽고 간단한 문장을 강세, 리듬, 억양에 맞게 소리 내어 읽을 수 있다.
- ☐ [6영03-02] 그림이나 도표에 대한 쉽고 짧은 글을 읽고 세부 정보를 파악할 수 있다.
- ☐ [6영03-03] 일상생활 속의 친숙한 주제에 관한 쉽고 짧은 글을 읽고 세부 정보를 파악할 수 있다.
- ☐ [6영03-04] 쉽고 짧은 글을 읽고 줄거리나 목적 등 중심 내용을 파악할 수 있다.

(4) 쓰기

- ☐ [6영04-01] 소리와 철자의 관계를 바탕으로 쉽고 간단한 낱말이나 어구를 듣고 쓸 수 있다.
- ☐ [6영04-02] 알파벳 대소문자와 문장 부호를 문장에서 바르게 사용할 수 있다.
- ☐ [6영04-03] 구두로 익힌 문장을 쓸 수 있다.
- ☐ [6영04-04] 실물이나 그림을 보고 한두 문장으로 표현할 수 있다.
- ☐ [6영04-05] 예시문을 참고하여 간단한 초대, 감사, 축하 등의 글을 쓸 수 있다.

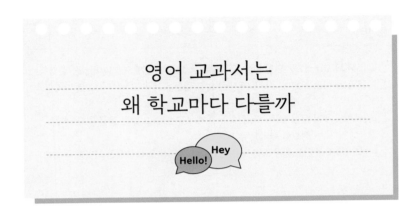

영어 교과서는
왜 학교마다 다를까

국정, 검정, 인정 교과서라는 말을 들어본 적이 있나요? 아마 한때 논란이 되었던 역사 교과서 국정화 논란을 통해 들어보셨을 겁니다. 국정화란 무엇이고, 그것이 왜 문제인지 잘 모르는 학부모님들을 위해 간략히 설명을 드리도록 하겠습니다.

국정화란 정부가 주도하여 단 하나의 교과서만 편찬하고, 전국의 모든 초·중·고등학교에서 같은 내용으로 수업을 하게 되는 것입니다. 어떻게 보면 아주 합리적이고 편리한 방법처럼 보이지만 그게 역사 교과서라는 것이 문제의 핵심이었습니다. 역사 교과서를 정부 주도 하에 만들게 되면 역사관이 하나로 통일됨으로써 불필요한 이념 논쟁을 없앤다는 장점은 있겠지요. 하지만 반대 측의 입장은 역사 인식의 다양성을 훼손하고, 국가에 의해 획일화된 역사관을 아이들에게 주입시킬 우려가 있다는 점이었습니다. 이런 이유로 논란이 되었다가 문재인 정부 때 국정 역사 교과서 제도가 사라졌습니다.

그렇다면 우리 아이들이 지금 배우고 있는 교과서는 어떤 종류일까요? 정부 주도형으로 만들어진 국정 교과서 말고 민간 주도형인 검·인정 교과서가 있습니다. 검정 교과서나 인정 교과서는 국가가 아닌 사기업인 일반 출판사에서 만듭니다. 한국교육과정평가원에서 마련해준 교육과정과 성취 기준을 바탕으로 출판사에서 집필진을 꾸리고, 만든 교과서를 기한에 맞게 제출합니다. 검정 교과서는 한국교육과정평가원에 제출하고, 평가원에서는 기준에 맞게 검정하여 합격 혹은 불합격을 통보합니다. 인정 교과서는 시·도 교육청이 담당하며 절차는 평가원과 같습니다. 초등학교의 경우, 국정 교과서가 주를 이루었지만 2022년부터 1~2학년 국어, 도덕 등 기본 교육 관련 교과만 두고 모두 검정 교과서로 바뀌게 되었습니다. 그리고 영어 교과서는 현재 다섯 개 출판사에서 발행한 교재가 사용되고 있습니다.

미국은 교과서라는 개념이 없다?

'미교'라는 말 들어보셨나요? 흔히 미국 교과서를 줄여서 미교라고 부릅니다. 영어 유치원에서 많이 사용하는 교재로 알려져 있지요. 그런데 실제로 미국에 교과서가 있을까요? 의외로 미국뿐 아니라 교과서라는 개념이 없는 나라가 꽤 많습니다. 우리는 나라에서 정해주는 교과서를 바탕으로 학습이 이루어지지만 외국에는 특정 교과서 없이 워크시트나 동화책 등으로 수업을 하는 곳도 많습니다. 이를 '자유 발행제'라고 합니다. 나라에서 정해진 틀을 만들고, 그에 맞춰 교과서를 발행한 뒤 검정·인정을 받는 등의 과정이 아니라 출판사가 자체적으로 최상의 교과서를 만듭니다. 그리고 그것을 시장에서 판단하게 합니다.

그래서 미국 교과서는 상당히 두껍고 좋은 재질의 종이로 만들어져 있습니다. 디자인, 삽화, 이미지 등도 각 출판사의 색깔을 잘 나타내죠. 추가로 워크북과 교사용 가이드북까지 만들어 제공함으로써 수업에 잘 활용할 수 있도록 돕습니다. 그러다 보니 비용이 아주 비싼 편이라서, 학교에서는 교과서를 아이들 개인에게 구매하도록 권유하지 않고 교실에 비치하여 다음 학년에게 물려주는 방식을 쓰고 있습니다. 교실에서는 워크북을 주로 사용하고, 교사의 추가 학습 자료 등을 통해 수업이 진행됩니다.

| Harcourt 출판사 | McGrow Hill 출판사 | McGrow Hill 출판사 | Pearson 출판사 |

즉 미국은 정부의 개입 없이 출판사에서 개별적으로 책을 발행하고, 각 학교에서 원하는 책을 채택하는 방식을 사용합니다. 그래서 학교와 출판사의 재량이 큽니다. 모든 학교에서 같은 책을 배우지 않으니 다양성도 존중하게 되죠. 단, 이는 어떤 교과서가 더 좋거나 혹은 별로라는 식의 문제로 볼 것은 아니고, 그저 우리나라와 다른 제도의 차이라고 인지하면 좋겠습니다.

다섯 개 출판사가 각각 만드는 우리나라 초등 영어 교과서

우리나라의 영어 교과서는 검정 교과서로 발행됩니다. 초등학교의 경우 총 다섯 개 출판사가 만든 교과서가 있습니다. 2015 개정 교육과정에서는 천재, 대교, YBM(최), YBM(김), 동아 출판사의 교과서가 있습니다. 한 출판사에서 하나 이상의 교과서를 제출하기도 하는데, 그런 경우는 출판사 이름 뒤에 대표 저자의 성을 붙여 천재(함), YBM(최) 등으로 구분하여 부릅니다. 이런 명칭을 알아둬야 하는 이유는 자녀가 다니는 학교에서 어떤 교과서를 사용하는지 확인할 때 필요하기 때문입니다.

초등학생 자녀를 둔 경우, 아이가 공부하는 영어 교과서의 출판사를 그냥 모른 채 넘어갈 때도 많은데 문제는 아이가 중학교에 들어가면 이야기가 달라집니다. 무려 10종이 넘는 교과서가 존재하고, 출판사 이름과 대표 저자의 성을 모르면 내신 교재를 구입할 때 큰 어려움을 겪게 됩니다. 특히 본문 내용이 모두 저작권에 해당하는 영어 과목의 경우, 해당 출판사에서만 내신 교재를 만들기 때문에 반드시 미리 확인해야 합니다. 초등학생 또한 평가문제집 또는 자습서를 구입하기 전에 미리 알아둬야 합니다. 혹시 교과서를 발행하지 않는 출판사에서 내신 관련 문제집을 출간했다면 저작권을 위반했을 가능성이 높으니 그런 교재는 가급적 사용하지 않는 것을 권합니다.

검정 교과서를 집필하게 되면 교육부에서 내려오는 기본적인 지침들이 있습니다. 어휘, 의사소통 기능, 문법 사항, 소재 등의 기준입니다. 이런 기준을 정해놓은 이유는 어떤 출판사의 책을 채택하든 간에 배움의 격차가 적어야 하기 때문입니다. 공교육의 목표는 초등학생의 인지 수준에 맞는 적절한 학습을 적절한 시기에 할 수 있게 해주는 것입니다. 과한 선행이나 수준에 맞지 않는 수업을 강행하는 것은 공교육의 목표가 아닙니다.

그렇다 보니 다소 하향 평준화가 되는 것이 아닌가 하는 우려가 생길 수 있지만 교과서에는 초등 시기에 다루어야 할 어휘의 수준, 문법의 범위, 의사소통 형식 등이 빠짐없이 골고루 반영돼 있습니다. 이를 제대로 학습만 한다면 무리 없이 중학교 단계로 올라갈 수 있습니다. 하지만 대다수의 초등학생이 학원과 같은 사교육에 의존하는 상황이 많다 보니 오히려 다 안다는 착각 속에서 반드시 알아야 할 쉬운 어휘들을 놓치는 경우가 많습니다. 앞으로 이런 부분들을 어떻게 보완하고 결손이 보이는 부분을 메울 수 있는지 자세히 알려드릴게요.

이제 부모님께서는 아이가 배우고 있는 영어 교과서가 어느 출판사의 어느 대표 저자 선생님의 것인지 먼저 확인하고, 디지

초등학교 3학년 영어 교과서

천재　　　　　대교　　　　　YBM(최)

YBM(김)　　　　　동아

털 교과서를 다운받아 놓는 정성부터 먼저 기울여주세요. 어휘, 문법, 기본 회화 표현 등은 이 책에서 다 담아드리겠습니다.

아이가 초등 3학년이 되기 전에 미리 교과서를 구입해서 보고 싶은 부모님들은 한국검인정교과서협회 쇼핑몰(www.ktbookmall.com)을 이용하시면 됩니다. 구입을 할 때는 새 학기 시작 전에 재고가 가장 많지만 배송이 느리다는 점을 참고하세요. 재고만 있다면 언제든 구매가 가능합니다.

한국교과서쇼핑몰 웹사이트 화면

너 영어 교과서
씹어 먹어 봤니?

Chapter 2.

공교육 영어에 대한 편견, 깨드립니다

공교육이 반드시
필요한 이유

예전에 다니던 회사에서 고등 심화 영어 교과서를 만들던 시절, '적정 기술'이라는 말을 보게 되었습니다. 교과서에 넣을 소재를 찾다가 처음 접한 개념입니다. 그 이후엔 교과서에서 자주 등장해서인지 요즘 아이들은 다들 한 번쯤 들어봤을 겁니다.

이는 상위 10퍼센트가 아닌 소외된 90퍼센트를 위한 기술 또는 생산물을 의미합니다. 사회 공동체의 정치·문화·환경적 조건을 고려해 해당 지역에서 지속적인 생산과 소비가 가능하도록 만들어진, 삶의 질을 궁극적으로 향상시킬 수 있는 기술입니다. 아직 무슨 말인지 모르겠다고요? 예를 들면 이런 기술들을 말합니다. 인프라가 부족한 아프리카에서는 아이, 어른 할 것 없이 누구나 먼 곳까지 걸어가서 물을 길어 와야 합니다. 이런 어려운 상황을 알지만 식수 해결을 위한 인프라를 구축하는 데는 너무 많은 비용이 들기 때문에 어느 나라도 선뜻 도와주겠다는 의지를 표명하기 어렵습니다. 그래서 비용이 저렴하면서 실질적 도움이 되는 기술과 아이디어가 절실합니다.

이때 적정 기술의 대표적인 예시라고 할 수 있는 Q드럼이 개발되었습니다. 이는 약 75리터의 물을 아이의 힘으로도 운반할 수 있도록 고안된 물통으로, 무조건적인 경제적 지원이 아니라 삶의 생산성을 높여주는 도구를 제공하는 것이 그 나라를 위해 장기적으로 좋다는 판단 하에 개발된 것입니다. 당장 좋은 시설을 제공하여 문제를 해결하기보다는 적정한 가격에서 바로 적용이 가능한 기술부터 제공하는 거죠. 그리고 시설이나 기기의 생산과 소비 역시 그 나라 국민들이 직접 하도록 독려합니다.

Q드럼의 모습   (※ 출처: 위키피디아)

저는 이 사례를 볼 때마다 꼭 우리나라의 공교육과 비슷하다는 생각을 합니다. 우리나라는 다른 어느 나라보다 사교육 열기가 높은 편입니다. 그 열기가 높다 못해 어느 순간 공교육은 사교육에 압도당한 느낌마저 듭니다. 대학을 가기 위한 1등급은 상위 4퍼센트, 2등급은 11퍼센트입니다. 그렇다면 서울에 있는 좋은 대학에 가기 위해 필요한 성적인 상위 10퍼센트 안에 드는 아이들을 위한 교육만 교육이라고 봐야 할까요?

지금 우리나라는 상위 10퍼센트 안에 들기 위해 온갖 사교육의 늪에서 빠져나오지 못하는 느낌이 듭니다. 상위 10퍼센트가 아닌 보통의 90퍼센트를 위한 적정 교육은 없을까요? 저는 이러한 부분을 반드시 공교육이 책임져야 한다고 생각합니다. 실제로 공교육의 존재 이유 또한 바로 이것입니다.

대학이 성공의 마중물인 시대는 끝났다

어렸을 때 저의 부모님은 제가 이렇게 다양한 직업을 가지게 될 줄 아셨을까요? 심지어 그 직업 중 하나가 유튜버일 줄 아셨을까요? 당시는 유튜브라는 플랫폼조차 존재하지 않던 시절입니다. 지금 우리가 바로 그 격입니다. 저도 그렇고 수많은 부모님은 미래에 자녀들이 어떤 직업을 가지게 될지 예측도 되지 않는, 그야말로 과도기에 서 있는 세대입니다. 아무리 상상해보아도 쉽지 않습니다. 그렇다고 대학을 쉽게 놓기도 어려운 것이 우리나라의 현실인 것 또한 맞습니다.

하지만 제가 말하고 싶은 것은 조금 다른 시선입니다. 여전히 대학은 건재하고, 대학 학문을 익히게 하여 각 분야의 전문가를 양성하는 일도 게을리해서는 안 될 중요한 국가적 사업 중 하나입니다. 하지만 모두가 그래야 할 필요는 없습니다. 이제는 그런 시대에 살고 있음을 인정해야 합니다. 그렇다면 대학에 갈 아이들만 공부를 해야 하는 걸까요? 아닙니다. 교육의 기회는 평등하게 주어져야 하고, 누구나 반드시 받아야 하는 것입니다. 대학에 입학할 아이들만 받아야 하는 것이 의무 교육, 즉 우리나라 공교육이 아니라는 뜻입니다.

요즘 초등학생들 사이에서 가장 많이 언급되는 꿈이 유튜버라고 합니다. 예전에 연예인이었던 것 같은데, 지금은 유튜버라고 하는 걸 보니 아이들이 가장 많이 소비하는 콘텐츠가 유튜브라는 생각이 듭니다. 이렇듯 유튜버가 되어도 기획이라는 것을 해야 합니다. 꼭 대학을 나와야 기획을 하는 것은 아니지만 지금 시대의 유튜버들 중에 공교육을 받지 않고 성공한 사람은 아마 거의 없을 겁니다. 모두가 기본 공부를 '잘할' 필요는 없지만 '할' 필요는 있다는 뜻입니다.

기본 소양을 배우는 곳이 학교이고, 학교에서는 교육과정을 바탕으로 아이의 소양을 기릅니다. 해당 나이에 맞는 기본 교육을 잘 받은 사람은 어떤 일을 할 때의 순서를 잘 알고, 도덕적 판단과 논리적 사고를 할 줄 압니다. 이런 모든 것들이 초등 시기에서부터 갖추어야 할 기본 소양입니다. 이처럼 중요한 기본기를 놓치고 기술만 가르치는 학원에 아이를 바로 보내시겠습니까? 공부의 핵심을 깨닫는 과정은 모두 학교에서 배울 수 있고, 또 학교에서 배워야 합니다.

좋은 성적은 좋은 태도에서 나온다

혹시 아이가 밤에 공부하고 학교에 가서는 조는 모습을 상상해본 적이 있나요? 초등학교에서 자주 벌어지는 일은 아니지만 중·고등학교에 가면 비일비재하게 보이는 현상입니다. 누구나 상식적으로 이것이 옳지 않다고는 알고 있습니다만, 실제로 부모님은 이럴 때 어떤 반응을 취하고 있나요? 아이들이 학원에서 너무 치이다 보니, 할 것들이 너무 많다 보니 암묵적으로 눈감아 주는 경향이 많습니다. 이를 아이들도 알고 있습니다. 그래서 전날 학원 숙제를 하느라 늦게 잤다면 다음 날 학교에서 중요하지 않은 과목 시간에 눈을 붙이는 것이 문제라고 생각하지 않죠.

그러나 공교육에서 아이들이 배워야 할 것들은 단지 지식만은 아닙니다. 나이가 많은 어른인 선생님에 대한 예의, 수업 시간에 경청하는 자세, 지금이 어떤 일을 하도록 나에게 주어진 시간인지를 아는 태도를 배워야 합니다. 요즘 아이들은 이런 것들을 놓치고 있습니다.

"Attitude is Altitude(태도가 고도이다)"라는 말이 있습니다. 이 말은 태도가 곧 성취를 나타낸다는 뜻입니다. 내가 취하는 태도가 내가 성취할 수 있는 고도를 결정한다는 말이지요. 영화 「에베레스트」에서도 중요한 것은 고도가 아니라 태도라는 말이 나옵니다. 부모님이 이 말을 꼭 기억하고 아이들에게 이야기해주면 좋겠습니다. 언제나 좋은 태도에서 좋은 행동이 나오고, 결국 좋은 성취로 이어집니다. 우리나라 공교육에 대한 태도를 부모님도, 학생도 바꾸어야 합니다.

피할 수 없으면 즐기라는 말이 있듯이, 만족스럽지 못할지라도 학교에서 보내야 하는 시간은 어마어마합니다. 그 시간을 나쁜 태도로 보내고 돌아와서 다른 일에 집중한다고 좋은 성과를 내는 것이 결코 아니라는 사실을 아이가 초등학생일 때부터 일깨워주어야 합니다. 그것이 부모님이 아이들과 함께하는 '팀'의 리더로서 알려줘야 하는 중요한 사항입니다. 아이와 부모님은 한 팀이며, 아직은 어린 아이들을 위해 부모님이 좋은 리더의 역할을 맡아주세요. 언젠가 리더 역할을 아이에게 넘겨줄 수 있는 날을 기약하며, 부모님은 자녀가 어릴 때부터 가장 기본적인 자질을 갖출 수 있도록 올바르게 가르쳐주어야 합니다.

회화도 학교에서
충분히 배울 수 있다

학원에서 선행 학습으로 배워서 내용을 다 알더라도, 학교 수업을 소중히 여기고 다시 한번 확인하는 시간으로 생각해야 합니다. 또한 미처 모르고 있었던 부분을 학습할 수도 있기 때문에 항상 귀를 기울여야 합니다. 아무리 학원에서 배웠다고 해도, 초등학생의 영어 수준은 완벽할 수가 없기 때문에 학교에서 채워야 하는 것들이 분명 존재합니다.

흔하게 하는 오해 중 하나가 회화나 스피킹은 절대 학교에서 제대로 배울 수 없다고 장담하는 것입니다. 하지만 초등 교육과정은 모두 의사소통 중심으로 구성되어 있기 때문에 교과서의 내용은 영어 유치원에서부터 배우는 코스북(Coursebook)이라고 하는 책에 나와 있는 내용과 크게 다르지 않습니다. 교육과정상으로 초등 시기에는 문자보다 말하기, 듣기 중심의 교육이 강조됩니다. 이 점을 잘 이용하면 사교육 없이도 영어 학습을 난항 없이 잘 이어갈 수 있습니다. 그러므로 앞으로는 교육과정에 회화가 없어서가 아니라, 전달 방식 혹은 학습 태도의 차이로 아이가 실용 회화를 잘하지 못하는 것이라고 생각하시면 좋겠습니다.

초등 권장 표현 목록

교육부에서는 학교에 의사소통 기능과 예시문을 제공합니다. 이를 적절하게 배분하여 초·중·고등학교에서 각각 나누어 사용합니다. 초등학생 때 기본 의사소통 표현을 익히게 하고 차후 중·고등학교에서 무리가 없도록 내용을 단계별로 차근차근하게 나선형으로 배치합니다. 그래서 초등 시기에 배우기를 권장하는 표현은 따로 표시해줍니다. 의사소통 기능 예시문은 교육과정이 바뀔 때마다 조금씩 내용이 바뀌기도 하고, 초등 권장으로 쓰기를 권고하는 표현들이 변하는 경우는 있습니다만 전체적인 큰 틀에서는 비슷합니다.

2015 개정 교육과정에서 조금 특이했던 점이 있다면 전화 통화를 할 때의 대화가 필수 표현으로 들어가지 않았다는 점입니다. 이런 변화는 현실을 반영한 것이라고 할 수 있습니다. 예전처럼 누가 전화를 걸었는지 모르는 상황이 이제는 잘 일어나지

않는다는 거죠. 간혹 사무실 등에서는 충분히 사용할 수 있는 표현이지만 초등학생들의 필수 표현으로는 더 이상 권장되지 않는 것입니다. 이런 변화는 앞으로도 계속 업데이트가 될 것이라고 봅니다. 그렇다면 한국교육과정평가원에서는 초등 시기에 어떤 표현을 권장할까요? 그리고 그런 것들이 실제 교과서에서 어떻게 나오는지도 함께 살펴보겠습니다.

교육부 지정 초등 권장 표현 목록

1	정보 전달하기	That's/It's/They're … .
2		Is this your … ?
3		My sister is a nurse/… .
4		It's on the right/left.
5		I'm taller than … .
6		I met … (yesterday).
7		They will … .
8	수정하기	No, it isn't.
9		(Sorry.) That's/It's not right.
10		(No,) this is my bag.
11	질문하기	Do you have … ?
12		She's a teacher, isn't she?
13		Who is she?
14		What do you like?
15		Where do you live?
16		When is your birthday?
17		How much is it?
18		Whose notebook is this/that?
19	질문에 답하기	Yes, I do./No, I don't.
20		Yes, she is./No, she isn't. She's a … .
21		She's my friend.

22	질문에 답하기	I like ice cream.
23		In Busan.
24		August 15th.
25		It's two dollars.
26		It's Nancy's.
27	동의하기	Me, too.
28		Same here.
29	이의 제기하기 & 부인하기	I don't think/believe so.
30		(No,) I didn't.
31		That isn't true.
32		That's not right/correct.
33	지식, 기억, 믿음 표현하기	I know (about) … .
34		Do you know (about) … ?
35		I'm sure.
36	허가, 능력 표현하기	May/Can I … ?
37		(Yes,) you may/can … .
38		Of course.
39		Sure./Okay./All right.
40		No, you can't.
41		Can you … ?
42		(Sure/Yes,) I can … .
43		I can't … .
44	의지 표현하기	I want (to) … .
45		I'd like … .
46		Do you want (to) … ?
47		Would you like … ?
48	감정 표현하기	That's great!
49		I'm/I feel (very/so) happy/glad.
50		How sad.
51		Are you happy/sad?
52		Are you all right?
53		What's wrong?
54		Don't worry.
55		(Come on!) Cheer up!
56		That's too bad.
57		I like/love (to) … .
58		I don't like (to) … . I hate (to) … .

59	감정 표현하기	Do you like ... ?
60		What do you like?
61		Good!/Fine!/Excellent!
62		I'm/I feel angry.
63		What a surprise!
64	도덕적 태도 표현하기	(Very) good.
65		That's fine/excellent.
66		Well done!
67		That's/It's not (very) good/nice.
68		How's this?
69		(I'm so/very) sorry (about that).
70		Not at all.
71		(That's/It's) okay.
72		Forget it.
73		It doesn't matter.
74	설득·권고하기	Let's ... .
75		What/How about ... ?
76		Can I help you?
77		(Please,) open the door.
78		Yes!/Okay!
79		Sure!/All right!
80		No problem.
81		(That) sounds good.
82		Sorry ..., but ... .
83		No, thank you.
84		Don't ... .
85		Be careful.
86		May/Can I ... (, please)?
87		Yes./Okay./All right.
88		Sure./Of course.
89		(Yes,) you can.
90		(No,) you can't.
91		Don't ... .
92	사교 활동 하기	Hey!
93		(Oh,) look/listen.
94		Hi!/Hello!
95		Good morning/afternoon/evening.

96		How are you (today)?
97		How's it going?
98		(I'm) okay (, thanks/thank you).
99		(I'm) fine/very well (, thanks/thank you).
100		Not (too/so) bad (, thanks/thank you).
101		Mr./Miss/Mrs./Ms. ...
102		Doctor/Professor/Director Brown.
103		I'm ... .
104		My name is ... .
105		X, this is Y.
106		(It's) nice/good to meet you.
107		Welcome!
108		(Please) help yourself.
109		Please go ahead.
110		(Yes,) thanks/thank you.
111		Yes, please.
112		No, thanks/thank you. (I'd rather have some ... .)
113		Thanks (a lot)/Thank you (very/so much).
114	사교 활동 하기	Sure.
115		You're welcome.
116		No problem.
117		(It was) my pleasure.
118		Congratulations (on ...)!
119		(Very) good!
120		Good (for you)!
121		What a nice ... !
122		How ... she is!
123		Great!/Excellent!
124		You can do it!
125		Thanks/Thank you (very much).
126		You, too!
127		Happy birthday/New Year/... !
128		Good luck (with your .../the ...)!
129		Have a good/nice ... !
130		Bye(-bye).
131		Goodbye.
132		Take care.

133	사교 활동 하기	(Have a) nice day/good night.
134		See you (later/again/tomorrow).
135	담화 구성하기	(Well,) I think/feel/believe … .
136		I see.
137		I (don't) understand.
138		Excuse me.
139		Hello?
140	의사소통 개선하기	Too fast.
141		Slow down (, please).
142		(I'm) sorry?
143		What (did you say)?
144		(I beg your) pardon?
145		(I said) X.
146		Did you say X?
147		Are you sure?
148		What is X (exactly)?
149		How do you spell … ?
150		B-A-G.
151		What is X (in English)?
152		Do you understand?

위에 제시된 표현은 초등 교육과정에서 다루도록 권장하는 표현입니다. 이제 실제 각 교과서에서 어떻게 활용되고 있는지 대표 예시를 통해 살펴보겠습니다.

천재(함) 4학년 Lesson 10

▸ **How Much Is It?**

A: I like this toy car.
   How much is it?
B: It's 7,000 won.

어휘
hair band, pencil case, soccer, ball, toy car

대교 4학년 Lesson 10

▸ **How Much Is It?**

A: Dad, I want this baseball glove.
B: How much is it?
A: It's eight thousand won.
B: No. It's four thousand won.
A: Okay. It's cheap.

어휘
baseball glove, cheap, jump rope, skirt, want

YBM(김) 4학년 Lesson 12

▶ **How Much Is It?**

A: I like this doll.

How much is it?

B: It's nine hundred won.

A: Very good. Here you are.

B: Thank you.

어휘

bat, buy, cool. doll, fan, glove, hat, picture

초등 권장 어휘
800개의 진실

제 유튜브 채널에 올린 한 영상에서 설명드린 적이 있지만 다른 영상이나 교육 설명회 등에서도 아마 많이 들어보셨을 겁니다. 혹은 문제집 제목에서 보셨을 수도 있습니다. 초등학교에서 배우는 어휘는 800개라는 말, 맞습니다. 실제로 한국교육과정평가원에서 제공하는 어휘 목록에 초등 권장 어휘의 개수는 800개입니다. 이것이 모두 쓰이는 것이 아니라 교과서마다 500개만 쓰도록 규정하고 있습니다(초등 3~4학년 군 240개 내외, 초등 5~6학년 군 250개 내외).

하지만 앞서 말했듯이 총 다섯 종의 교과서가 발행되고 있기 때문에 타사 교과서에 나왔을 법한 어휘까지 모두 합친다면 이론상 800개의 어휘를 모두 알아두는 것이 안전하다는 판단 하에, 초등학생이라면 어휘 800개는 기본적으로 학습하자는 의도인 셈이죠. 그렇지만 여기에 숨겨진 몇 가지 비밀이 더 있습니다. 초등학교는 처음으로 영어를 배우는 학교이기 때문에 어떤 배경 지식도 없다는 전제 아래에서 다음의 어휘들도 알아두는 것이 좋습니다. 먼저 800개 기본 어휘 목록부터 설명하고 추가로 어떤 단어들을 알아두면 좋은지 알려드리겠습니다.

초등 권장 어휘 목록

교육부에서 초·중·고등학교에 제공하는 어휘 목록은 총 3,000개이지만 초등 영어 교과서에 사용하도록 권장된 어휘 목록은 800개입니다. 알파벳 순서대로 다음과 같습니다.

교육부 지정 초등 권장 어휘 목록

a	cookie/cooky	high	red
about	cool	hill	remember
above	copy	history	restaurant
academy	corner	hit	restroom
accent	cost	hobby	return
accident	cotton	hold	rich
across	could	holiday	right
act	country	home	ring
add	countryside	homework	river
address	couple	honest	road
adult	cousin	honey	rock

adventure	cover	hope	roof
advise	cow	horse	room
afraid	crazy	hospital	run
after	cross	hot	sad
afternoon	crowd	hour	safe
again	crown	house	sale
against	cry	how	salt
age	culture	however	same
ago	curious	human	sand
agree	curtain	humor/humour	save
ahead	customer	hundred	say
air	cut	hungry	school
airline	cute	hunt	science
airplane	cycle	hurry	scissors
airport	dad	husband	score
all	dance	I	sea
almost	danger	ice	season
alone	dark	idea	see
along	date	if	sell
aloud	daughter	important	send
already	day	in	she
alright	dead	inside	ship
also	death	into	shock
always	decide	introduce	shoe
A.M./a.m.	deep	invite	shop
and	delicious	it	short
angel	dentist	jeans	should
anger	design	job	show
animal	desk	join	shy
another	dialogue/dialog	joy	sick
answer	diary	just	side

ant	die	keep	sing
any	different	key	sister
apple	difficult	kick	sit
area	dinner	kid	size
arm	dirty	kill	skin
around	discuss	kind	skirt
arrive	dish	king	sky
art	divide	kitchen	sleep
as	do	knife	slow
ask	doctor	know	small
at	dog	lady	smart
aunt	doll	lake	smell
away	dolphin	land	smile
baby	door	large	snow
back	double	last	so
background	down	late	soccer
bad	draw	lazy	sock
bake	dream	leaf	soft
ball	drink	learn	some
balloon	drive	left	son
band	drop	leg	song
bank	dry	lesson	sorry
base	duck	letter	sound
baseball	during	library	sour
basic	ear	lie	south
basket	early	light	space
basketball	earth	like	speak
bat	east	line	speed
bath	easy	lion	spoon
bathroom	eat	lip	stand
battery	egg	listen	start

battle	elementary	little	stay
be	elephant	live	stone
beach	end	livingroom	stop
bean	engine	long	store
bear	engineer	look	story
beauty	enjoy	love	strawberry
because	enough	low	street
become	enter	luck	stress
bed	eraser	lunch	strong
bedroom	error	mad	student
bee	evening	mail	study
beef	every	make	subway
before	exam	man	sugar
begin	example	many	sun
behind	exercise	map	supper
believe	exit	marry	swim
bell	eye	mathematics / maths / math	table
below	face	may	tail
beside	fact	meat	take
between	factory	meet	talk
bicycle	fail	memory	tall
big	fall	middle	tape
bill	family	might	taste
bird	famous	milk	teach
birth	fan	mind	teen
birthday	fantastic	mirror	telephone
bite	far	miss	tell
black	farm	money	test
block	fast	monkey	textbook
blood	fat	month	than

blue	father	moon	thank
board	favorite/favourite	morning	that
boat	feel	mother	the
body	fever	mountain	there
bomb	field	mouse	they
bone	fight	mouth	thing
book	file	move	think
boot	fill	movie	thirst
borrow	find	much	this
boss	fine	museum	tiger
both	finger	music	time
bottle	finish	must	to
bottom	fire	name	today
bowl	fish	nation	together
boy	fix	nature	tomorrow
brain	flag	near	tonight
brake	floor	neck	too
branch	flower	need	tooth
brand	fly	never	top
brave	focus	new	touch
bread	fog	newspaper	tour
break	food	next	tower
breakfast	fool	nice	town
bridge	foot	night	toy
bright	football	no/nope/nay	train
bring	for	noon	travel
brother	forest	north	tree
brown	forever	nose	triangle
brush	forget	not	trip
bubble	form	note	true
bug	fox	nothing	try

build	free	now	turn
burn	fresh	number	twice
business	friend	nurse	type
busy	frog	ocean	ugly
but	from	of	umbrella
button	front	off	uncle
buy	fruit	office	under
by	fry	often	understand
cage	full	oil	up
calendar	fun	old	use
call	future	on	vegetable
calm	garden	one	very
can	gate	only	visit
candy	gentleman	open	voice
cap	gesture	or	wait
captain	get	out	wake
car	ghost	over	walk
care	giant	paint	wall
carrot	gift	palace	want
carry	giraffe	pants	war
cart	girl	paper	warm
case	give	parent	wash
cash	glad	park	watch
castle	glass	part	water
cat	glove	pass	watermelon
catch	glue	pay	way
certain	go	peace	we
chain	goal	pear	wear
chair	god	pencil	weather
chance	gold	people	wedding
change	good	pick	week

cheap	goodbye	picnic	weekend
check/cheque	grandfather	picture	weight
child	grape	pig	welcome
choose	grass	pink	well
church	great	place	west
cinema	green	plan	wet
circle	grey/gray	play	what
city	ground	please	when
class	group	P.M. / p.m.	where
classroom	grow	pocket	white
clean	guess	point	who
clear	guide	police	why
clerk	guy	poor	wife
clever	habit	potato	will
climb	hair	power	win
clip	hand	present	wind
clock	handsome	pretty	window
close	hang	prince	wish
cloth	happy	print	with
cloud	hard	prize	woman
club	hat	problem	wood
coin	hate	puppy	word
cold	have	push	work
collect	he	put	world
college	head	puzzle	worry
color/colour	headache	queen	write
come	heart	question	wrong
comedy	heat	quick	year
company	heaven	quiet	yellow
concert	heavy	rabbit	yes/yeah/yep
condition	helicopter	race	yesterday

congratulate	hello/hey/hi	rain	you
contest	help	rainbow	young
control	here	read	zebra
cook	hero	ready	zoo

위에 제시된 어휘 목록 중에서 출판사마다 취사 선택해서 사용합니다. 의사소통 기능과 본문 내용에 맞게 골라 쓰는 것이죠. 사실 다른 교과서라고 해도 의사소통 목록이 거의 비슷하기 때문에 본문 내용도 크게 다르지는 않습니다. 따라서 출판사마다 쓰는 어휘가 달라도 큰 차이는 없다고 보면 됩니다.

혹 위의 목록 중에서 아직 학습이 안 된 어휘가 있다면 점검해보시기 바랍니다. 초등학교 단계에서 어휘를 안다고 하는 것은 낱말을 읽고 쓸 수 있는 상태여야 합니다. 즉 스펠링까지 알아야 한다는 뜻입니다.

필수 목록 외에 반드시 알아야 하는 것들

알아야 하는 어휘가 800개가 전부라면 아주 심플하고 좋겠지만 우리는 '언어'를 배워야 합니다. 특히 영어는 외국어입니다. 외국어의 어휘는 다다익선입니다. 많이 알아두면 알아둘수록 그 언어가 편하고 친숙하게 느껴지는 것은 사실입니다. "하지만 교과서, 그러니까 공교육에서 배워야 하는 어휘의 개수는 이미 정해져 있다고 하지 않았나요?" 하고 반문하실 수 있습니다. 네, 맞습니다. 정해져 있지요. 그러나 표면적으로 보여지는 숫자 800개가 아니라 '숨겨진 어휘'들이 존재합니다.

• 권장 어휘는 '권장'할 뿐

사실 교과서는 권장 어휘를 100퍼센트 다 쓰지 않아도 됩니다. 본문의 소재가 다소 특이하거나(특별한 어휘를 사용해야 하는) 문맥상 반드시 특정 어휘가 필요한 경우가 있는데 그럴 때는 교육부에서 목록 외 어휘의 수를 10퍼센트가량 인정해줍니다. 그러므로 목록 외의 약 10퍼센트의 어휘가 각 출판사마다 존재합니다. 다만 그 어휘를 모두 외울 수는 없는 노릇이지요. 따라서 권장 어휘만 학습했을 경우, 최소한의 어휘를 습득했다고 할 수 있는 것이지 그것으로 충분하다고 판단하기는 어렵다는 것입니다.

• 권장 목록 외 어휘 ① 고유 명사, 호칭

사람 이름 같은 고유 명사를 암기할 필요는 없습니다. 하지만 국가명이나 도시명은 의미가 있습니다. Korea, Seoul, the U.S.A, France, Canada 등의 어휘는 스펠링까지 외워야 할 필요까진 없지만 그래도 텍스트 속에 나왔을 때 읽을 수 있는 수준이어야 합니다. 초등 교과서에는 국적을 묻고 답하는 단원이 반드시 포함돼 있고 거기에서 나라나 대표적인 도시 이름이 등장합니다.

그러므로 기본 어휘 목록에 없더라도 꼭 알아둬야 합니다.

또 자주 등장하는 대표 위인이나 영미권에서 흔하게 사용하는 이름 등은 미리 숙지하여 익숙해지게 하고, 발음을 알며 읽기까지 가능한 상태면 좋습니다. 더불어 고유 명사는 첫 글자를 대문자로 써야 한다는 규칙도 함께 익히도록 해주세요. 그리고 아이들은 호칭을 나타내는 Mr., Ms. 같은 말이 나오면 잘 읽지 못합니다. 줄임말이라서 읽는 방법을 배우지 않으면 모를 수밖에 없지요. 하지만 이 또한 기본 어휘에서는 제외돼 있으므로 만약 호칭에 관련된 것이 영어 책에서 등장하면 꼭 읽는 법을 알려주시기 바랍니다.

• 권장 목록 외 어휘 ② 요일, 달, 계절명

7개의 요일명	Monday, Tuesday, Wednesday, Thursday, Friday, Saturday, Sunday
12개의 달명	January, February, March, April, May, June, July, August, September, October, November, December
4개의 계절명	Spring, Summer, Fall(Autumn), Winter

이 어휘도 필수 목록에 포함되지 않지만 아주 빈번하게 사용되므로 반드시 알아두어야 합니다. 노래나 애니메이션 등으로 접하게 해주면 아이들이 훨씬 쉽게 배웁니다.

• 권장 목록 외 어휘 ③ 숫자

숫자도 어휘 목록에 포함되지 않습니다. "아라비아 숫자로 적혀 있는데 몰라도 괜찮지 않을까요?"라고 생각하실 수도 있습니다만 '1, 2, 3, 4, 5'라고 적힌 숫자를 영어로 읽는 법을 모르면 난감해지는 상황을 마주할 수 있습니다. 그리고 1부터 10까지는 쉽지만 11부터 20까지의 숫자를 읽는 것은 처음 영어를 배우는 친구들에게 어려울 수 있습니다. 또 우리에게 필요한 숫자는 31까지이므로(날짜를 읽기 위해서) 최소한 이 정도는 알아야 합니다.

초등 교과서에는 날짜를 묻고 말하는 단원이 빠지지 않고 나오는 편입니다. 날짜를 말할 때 필요한 것이 달 이름과 숫자인데, 이때 특히 주의해야 하는 것이 기수와 서수의 구분입니다. 기수는 보통 숫자 10까지 연습하지만 서수의 경우 날짜 때문에 31까지는 알아야 합니다. 이는 나아가 학년을 묻고 답하는 단원에서도 사용됩니다. one, two, three, four…만 학습할 것이 아니라 first, second, third, fourth…도 알아야 한다는 뜻이죠. 초등 영어 교과는 의사소통 중심이기 때문에 숫자의 경우 보자마자 바로 입으로 말할 수 있도록 익혀야 합니다.

• 권장 목록 외 어휘 ④ 단위명

centimeter(cm), meter(m), kilometer(km) 등의 단위는 권장 어휘에 포함되지 않습니다. 하지만 이런 단위는 이미 수학 교과에서 많이 보아왔고, 읽을 수 있기 때문에 크게 문제가 없습니다. 이러한 표현 중에 가장 헷갈리는 것이 일, 십, 백, 천, 만 등의 숫자 단위입니다. 이는 우리말과 읽기 체계가 다르기 때문에 미리 연습해야 합니다. 이 단위는 초등 교과서 어디에서 나올까요? 물건의 가격을 묻고 답하는 파트에서 주로 나옵니다. 돈의 단위가 달러(＄)로 되어 있는 경우는 백 단위까지만 알면 되지만 단위가 원(₩)이 기준인 책이 많기 때문에 천 단위는 물론이고 만 단위까지도 읽을 줄 알아야 합니다. 또 아라비아 숫자로만 적혀 있기 때문에 숫자를 보고 영어로 읽는 법도 익혀야 하죠. 이를테면 3,000원은 three thousand won, 20,000원은 twenty thousand won이라고 읽을 줄 알아야 합니다. 콤마 단위로 숫자를 끊어 읽어 우리나라 방식과 체계가 다르긴 하지만 한 번만 제대로 익혀놓으면 오히려 영어로 단위를 끊어 읽는 것이 더 쉽습니다.

참고로 책에 아라비아 숫자가 아니라 영문으로 hundred(초등 권장 어휘), thousand, million으로 표기가 된 경우는 신규 어휘로 규정하고 있습니다. 하지만 이는 초등 단계에서는 신경 쓰지 않아도 됩니다. 중등 이상의 교과서에서 다룰 가능성이 높기 때문입니다.

• 의외의 복병, 외래어 & 파생어

영어 표현 중에서 마치 우리말처럼 대체해서 쓰는 말들이 있는데 그런 것을 외래어라고 부릅니다. 외래어는 어휘에 포함시키지 않고 교과서에 최대 50개까지 사용이 가능합니다. 참고로 고등 교과서의 경우에는 전체 어휘를 1,800개까지 쓸 수 있어, 그중에서 50개를 쓰는 것이 크게 영향을 미치지 않으며 대체로 쉽고 익숙한 말이기 때문에 외래어가 미치는 영향이 적습니다. 하지만 초등학교의 경우 3~4학년 군에서 50개, 5~6학년 군에서 50개로 총 100개까지 쓸 수 있습니다. 이는 어휘의 전체 비율로 따지면 고등학교에서 다루는 외래어와 초등학교에서 다루는 외래어의 양은 체감상 다를 수 있습니다. 또 아직 어린 초등학생이기 때문에 고등학생처럼 영어에 익숙하지 않은 데다, 영어를 처음 접하는 아이들도 있습니다. 그런 친구들에게 이런 단어가 영어로 쓰여 있으면 읽지 못하는 경우가 종종 생깁니다.

그래서 아래에 총 200개의 외래어 어휘를 정리해보았습니다. 교과서에는 이 목록 중에서 50개를 골라 학년별로 쓸 수 있습니다. 아이에게 평소 이 어휘들을 읽게 연습을 시키면 도움이 될 것입니다.

외래어 어휘 목록

alarm(알람), album(앨범), alcohol(알코올), amateur(아마추어), ambulance(앰뷸런스), apartment(아파트), arch(아치), bacon(베이컨), badminton(배드민턴), bag(백), banana(바나나), belt(벨트),

bench(벤치), biscuit(비스킷), bonus(보너스), box(박스), bus(버스), butter(버터), cabinet(캐비넷), cake(케이크), calcium(칼슘), camera(카메라), camp(캠프), campaign(캠페인), campus(캠퍼스), card(카드), carol(캐럴), carpet(카펫), catalogue(카탈로그), center(센터), champion(챔피온), channel(채널), chart(차트), cheese(치즈), chicken(치킨), chocolate(초콜릿), click(클릭), coat(코트), coffee(커피), comic(코믹), computer(컴퓨터), course(코스), court(코트), crayon(크래용), cream(크림), cup(컵), data(데이터), diamond(다이아몬드), diet(다이어트), disc(디스크), doughnut(도넛), drama(드라마), dress(드레스), drill(드릴), drum(드럼), echo(에코), elevator(엘리베이터), elite(엘리트), energy(에너지), essay(에세이), event(이벤트), fashion(패션), feminist(페미니스트), fence(펜스), festival(페스티벌), fiction(픽션), film(필름), fork(포크), gallery(갤러리), game(게임), gas(가스), golf(골프), gown(가운), graph(그래프), guard(가드), guitar(기타), gum(껌), hamburger(햄버거), harmony(하모니), highlight(하이라이트), hint(힌트), hormone(호르몬), hotel(호텔), image(이미지), interior(인테리어), internet(인터넷), interview(인터뷰), issue(이슈), jacket(재킷), jam(잼), jazz(재즈), juice(주스), jump(점프), kangaroo(캥거루), kiss(키스), kiwi(키위), laser(레이저), league(리그), lemon(레몬), lobby(로비), magic(매직), manual(매뉴얼), marathon(마라톤), market(마켓), mask(마스크), medal(메달), media(미디어), melon(메론), member(멤버), menu(메뉴), message(메시지), model(모델), motor(모터), mystery(미스터리), news(뉴스), notebook(노트북), okay(오케이), opera(오페라), orange(오렌지), oven(오븐), page(페이지), panda(판

다), parade(퍼레이드), partner(파트너), party(파티), pen(펜), percent(퍼센트), piano(피아노), pie(파이), pilot(파일럿), pipe(파이프), pizza(피자), plastic(플라스틱), plug(플러그), program(프로그램), project(프로젝트), quiz(퀴즈), radio(라디오), recreation(레크리에이션), rehearsal(리허설), ribbon(리본), robot(로봇), rocket(로켓), rugby(럭비), salad(샐러드), sample(샘플), sandwich(샌드위치), sauce(소스), scarf(스카프), scenario(시나리오), schedule(스케줄), section(섹션), seminar(세미나), service(서비스), set(세트), shirt(셔츠), skate(스케이트), sketch(스케치), ski(스키), snack(스낵), soup(수프), spaghetti(스파게티), sponsor(스폰서), sport(스포츠), spray(스프레이), spy(스파이), staff(스태프), star(스타), steak(스테이크), stereo(스테레오), studio(스튜디오), style(스타일), sweater(스웨터), tank(탱크), taxi(택시), team(팀), technique(테크닉), technology(테크놀로지), television(텔레비전), tennis(테니스), tent(텐트), terror(테러), ticket(티켓), toast(토스트), tomato(토마토), topic(토픽), towel(타월), track(트랙), truck(트럭), vaccine(백신), veil(베일), video(비디오), villa(빌라), violin(바이올린), virus(바이러스), vision(비전), waiter(웨이터), website(웹사이트), wine(와인), yacht(요트)

그리고 파생어에 대한 부분도 살짝 짚고 갈까 합니다. 이는 초등 단계의 어휘에 영향을 크게 미치는 부분은 아닙니다. 하지만 학교급이 올라갈수록 파생어 관련 문제가 많이 생깁니다. 아래 예시를 보면 알 수 있듯이 문법적인 이유로 형태가 바뀌는 동사나 명사도 한 단어로 간주합니다. 불규칙 변화의 경우도 모두 한 단어로 취급하죠. 즉 품사가 아예 바뀌는 경우에도 모두 한 단어로 본다는 뜻입니다. 예를 들어 단어 happy(행복)의 경우 품사가 형용사이지만 부사인 happily(행복하게)도 happy에서 파생된 것으로 보고 새 어휘로 보지 않습니다. 그러면 happiness(행복)와 unhappy(불행한) 등의 어휘는 어떨까요? 이처럼 접미사나 접두사가 붙어서 의미가 바뀌는 어휘조차도 하나의 단어로 인식합니다. 그래서 중·고등학생이 될수록 새로운 어휘가 더 많이 나온다고 느낄 수 밖에 없는 것입니다. 초등 시기에는 크게 영향을 미치지 않지만 중·고등 시기에서는 유의어, 반의어까지 학습해야 하는 이유 또한 여기에 있습니다.

굴절 및 파생 변화형 어휘 대표 예시

- write (writes, wrote, written, writing)

- be (am, are, is, was, were, been, being)

- have (has, had, having)

- book (books, booked, booking)

- foot (feet)

- leaf (leaves)

- tall (taller, tallest)

- they (their, them, theirs, themselves)

- teach (teaches, taught, teaching, teacher)

- tour (tourist)

- soft (softly, softness)

- happy (happily, happiness, unhappy)

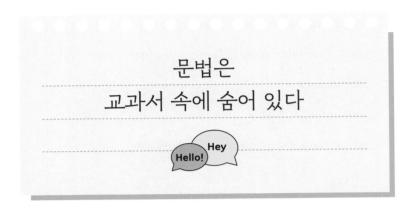

문법은
교과서 속에 숨어 있다

주로 초등학교 영어에서는 문법을 다루지 않는다고 생각하시지만 절대 그렇지 않습니다. 문법에 대한 정의를 무엇으로 두느냐에 따라 기준이 조금씩 달라질 수는 있지만 문법은 그 언어가 가지고 있는 규칙 같은 것입니다. 규칙에 벗어난 문장으로 훈련하고 연습하지는 않기 때문에 그 나라의 말을 듣고, 읽고, 말하고, 쓰는 일련의 과정을 겪는 동안 그 누구도 문법으로부터 자유로울 수는 없습니다. 조승연 작가가 쓴 『플루언트』라는 책에서도 이런 말이 나옵니다. "사람의 말은 사람의 생각만큼 자유롭다. 문법이란 사람이 말하는 방식을 설명하기 위해 생긴 것이지, 사람이 말하는 것을 규제하려고 만든 것이 아니다. 외국어 공부에서 문법보다 중요한 것은 머릿속에 살아 있는 언어의 데이터를 가능한 한 많이 모아두는 것이다."

일정 학년이 되면 한국식으로 영어 문법 공부를 해야 하느냐, 말아야 하느냐 하고 논쟁하는 것은 이제 더 이상 무의미하다는 생각이 듭니다. 문법은 해당 언어의 규칙이기 때문에 반드시 알아야 하고 내 것으로 체화되어야 하는 것이 맞습니다. 그러므로 한국식 영문법은 영어를 우리만의 방식으로 정의내리고 정리한 것입니다. 이런 것을 배워야 하는 이유는 우리나라 입시에 필요하기 때문입니다. 아이가 외국 유학을 갈 것이 확실하다면 굳이 시간을 써서 익히지 않아도 되지만 그렇지 않다면 논쟁의 시간을 줄이고 바로 학습을 시작하는 것이 훨씬 효과적입니다.

사실 공교육에서는 이런 한국식 문법 용어를 대놓고 쓰는 것을 부담스러워합니다. 그래서 초등 시기에는 전혀 교과서에 노출이 되지 않죠. 다만 그렇다고 해서 아무런 가이드 없이 교과서가 만들어지는 것이 아닙니다. 한국교육과정평가원에서 어휘 목록과 의사소통 기능 예시문을 제시해주는 것처럼 '권장 언어 형식 목록'도 제공합니다. 이 범위 안에서 아이가 문법적 지식을 나선형으로 쌓을 수 있도록 안내해줍니다. 나선형으로 제공해야 하기 때문에 이 역시 초등에서 권장하는 항목이 따로 있습니다. 이를 바탕으로 초등학생 때 기본적인 언어 형식을 익히고 연습해야 중·고등학교에 가서 당황하지 않습니다. 특히 초등학생 때는 문장 속에서 자연스럽게 익혔던 것들이 중·고등학교 단계에 가서는 특정 명칭이 부여되고, 그에 대한 규칙을 명확히 알아야 하기 때문에 많은 아이가 그러한 과정 속에서 어려움을 느끼게 됩니다.

따라서 우리나라 입시 제도, 학교 내신이 이렇게 진행되기 때문에 문법 공부를 모른 체하며 눈감아버릴 수는 없습니다. 문법적 어려움을 해결하기 위해 여러 문제집이 출간되고 인터넷 강의가 제작되고 있습니다만 가정에서 부모님이 직접 할 수 있는 방법도 많습니다. 아이들의 짐을 조금 더 가볍게 해줄 수 있도록 초등 시기에 배우는 표현들 속에 '일정한 패턴과 규칙'이 있음을 미리 알려주는 것입니다. 문법의 규칙을 알게 되면 아이는 어떤 주어와 동사가 짝을 이루는지, 명사가 하나일 때와 여러 개일 때 어떻게 모습이 다른지, 의문문일 때와 부정문일 때 문장 구조가 어떻게 다른지 등을 알게 됩니다.

하지만 대부분의 초등학생은 이렇게 연결해서 이해하지 못합니다. 학교에서도 그렇게 가르치지 않고요. 그러니까 학부모님이 미리 인지한 뒤, 아이들이 자연스럽게 영어의 법칙을 이해하고 맞는 것끼리 연결할 수 있도록 알려준다면 여러모로 큰 도움이 될 것입니다.

초등 권장 문법 목록

교육부 지정 초등 권장 문법 목록

명사의 종류	**Kate** is from **London**.
	A **boy**/The **boy**/The (two) **boys** ran in the park.
	Water is very important for life.
정관사, 지시대명사, 수량형용사	**The** store is closed.
	This book is very interesting.
	That dog is smart.
	These/**Those** books are really large.
	We didn't buy **much**/**any** food.
	Many young people have no money.
	Every monkey likes bananas.
	All children love baby animals.
	The Germans are diligent.
주격, 목적격, 소유격, 소유대명사, 지시대명사	Which do you like better, **this** or **that**?
	These are apples, and **those** are tomatoes.
	I like **your** glasses. What about **mine**?
	We are very glad to hear from him.
	He will help **her**.
	They're really delicious.
	She is a teacher, and **he**'s a scientist.
	John likes math, but Susan doesn't like **it**.
비인칭주어 It	**It**'s cold outside.
	It's Wednesday.
	It's half past four.
	It's windy today.
	It's far from here.
시제 (현재, 과거, 미래, 현재진행형)	He **walks** to school every day.
	We **(usually) meet** after lunch.
	We **played** soccer yesterday.
	She **is going to visit** her grandparents next week.
	I **will visit** America next year.
	He **is sleeping** now.

문장의 형식 (1형식, 2형식, 3형식)	The baby **cried**.
	She **stayed in bed**.
	He **is a math teacher.**
	You **look happy** today.
	I **like gimbap**.
비교급	Mary is **taller than I/me**.
동명사	**Playing baseball** is fun.
	Did you **go fishing** last weekend?
문장의 종류 (평서문, 의문문, 명령문, 청유문)	John and Mary **are** good friends.
	Does Anne work out on weekends?
	Open your book.
	Let's go to Brian's birthday party.
부정문의 형태	I **am not** tired.
	It **isn't** very cold.
	I **don't** like snakes.
	You **can't** swim here.
	We **didn't** enjoy the movie very much.
	Tom **won't** be at the meeting tomorrow.
의문사가 없는 의문문	**Are you** ready?
	Is it raining?
	Do you like oranges?
	Don't you like apples?
	Can you write a letter in English?
의문사가 있는 의문문	**When** will you come?
	Where can we take the bus?
	Why did he leave early?
	How do you spell your name?
	Who can answer that question?
	Whose dolls are these?
	Which ice cream do you like, vanilla or chocolate?
	What size is this shirt?
	What time is it?
	How old is she?

초등 시기 중 구체적으로 언제쯤 문법의 내용을 체계적으로 알려주어야 하는지 고민이 생길 수 있습니다. 문법을 체계적으로 파악하고, 교과서 문장을 이용해서 연습해야 하는 시기는 '5~6학년'부터입니다. 그때부터는 3~4학년 때와 달리 모든 교과서에 리딩(reading) 지문이 등장합니다. 대여섯 줄 정도의 독해 지문이 텍스트 형태로 나타나는 이 시점부터는 앞에서 표로 정리한 초등 권장 문법 사항 중 하나도 버릴 내용이 없다는 생각으로 뜯어보고 학습해야 합니다. 그런 과정을 거치다 보면 아이는 알게 모르게 문법까지 저절로 이해하게 될 것입니다.

천재(함) 6학년 Lesson 6

▸ He Has Short Curly Hair

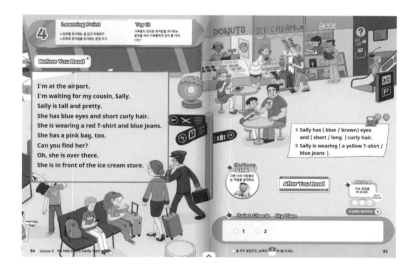

앞의 지문에서 알 수 있는 문법 사항

I'm at the airport.	➡	be동사 / 위치전치사 at
I'm waiting for my cousin, Sally.	➡	현재진행형
Sally is tall and pretty.	➡	be동사 / 2형식 문장 / 접속사 and
She has blue eyes and short curly hair.	➡	일반동사 / 3인칭 단수 / 셀 수 있는 명사 / 셀 수 없는 명사
She is wearing a red T-shirt and blue jeans.	➡	현재진행형 / 셀 수 있는 명사
She has a pink bag, too.	➡	일반동사 / 3인칭 단수
Can you find her?	➡	조동사가 있는 의문문
(이하 생략)		

교과서에 흔하게 나오는 짧은 문장 속에서 알 수 있는 문법의 양은 생각보다 꽤 많습니다. 그래서 라이팅 연습이 필요할 때는 문제집을 이용하기보다 교과서 속 문장을 정확하게 따라 써보는 것부터 추천합니다. 짧은 문장 속에 많은 문법 규칙이 숨어있고, 이 규칙들을 찾아보는 습관을 가지게 되면 문장 분석 연습을 따로 하지 않아도 될만큼 효과가 좋습니다.

이 연습은 교과서의 앞 단원부터 차례로 해주세요. 교과서의 경우 앞에서 언급되지 않은 문법 규칙이 뒤에서 먼저 나오는 법이 없기 때문이죠. 아주 특수한 상황에서 스토리 전개상 필요하다면 있을 수는 있지만 거의 찾아볼 수 없습니다. 그만큼 통제해서 문장을 만들고 엄격하게 단원의 순서를 정한 것이 교과서입니다. 예를 들어 3인칭 단수일 때 일반동사에 '-s'나 '-es'를 붙인다는 문법 사항이 메인인 단원 이전에 이 규칙이 나오는 본문은 없다는 뜻입니다. 즉 해당 단원 전에는 주어가 I, You, We, They인 것밖에 쓸 수 없습니다. 따라서 문법책을 따로 학습하기보다는 초등 시기에는 교과서만 적극적으로 활용해도 충분합니다.

학원만 잘 다니면 된다는
아주 큰 착각

평일 저녁 대치동에 가본 적이 있으신가요? 평일 저녁의 대치동은 교통 체증이 정말 심합니다. 차들이 즐비하게 서 있고, 어떤 날은 교통 경찰까지 동원됩니다. 차들의 정체는 모두 학원 수업이 끝난 아이들을 픽업하러 온 부모님입니다. 학원에 오는 아이들의 연령대도 초등 저학년부터 고등학생까지 다양합니다. 보통 대치동 대형 학원가에서는 3학년만 되어도 수업 시간대가 오후 6시 이후로 바뀝니다. 3학년부터는 학원 수업을 마치고 집에 오는 시간이 꽤 늦어지는 것이지요.

이런 친구들은 대체로 영어 유치원부터 시작해서 열심히 달려왔을 가능성이 높습니다. 이들의 영어 실력은 상당히 높을 겁니다. 우리나라 공교육을 기준으로 영어 학습을 해온 것이 아니라 원어민이 언어를 습득하는 방식으로 배웠기 때문입니다. 물론 개중에는 아닌 경우도 있겠지만요. 또 뒤늦게 영어 공부를 시작한 학생들의 경우에도 대치동에서의 학습량은 어마어마하기 때문에 학원을 다닌다면 실력이 쌓이지 않을 수 없습니다.

이런 교육 특구에서의 학습은 "교과서 영어쯤은" 하고 공교육 영어 정도는 우습게 여길 정도로 수준도 높고 학습량도 많습니다. 하지만 우리는 이 지점에서 아이들의 인지 능력이나 정서 등을 고려하지 않았다는 사실을 알 수 있습니다. 이것은 사실 수준 높고, 질 좋은 영어 학습이라기보다 과잉 학습에 가깝지 않나 하는 생각이 듭니다. 그렇게까지 하지 않아도 아이들은 외국인과 의사소통할 수 있는 수준의 언어 능력과 외국어로 된 글을 읽어낼 수 있는 수준에 도달할 수 있습니다. 하지만 그걸 지나치게 빨리하려고 할 때 문제가 생기는 겁니다.

'덜 배워서' 아닌 '더 배워서' 문제다

과유불급이라는 말, 잘 아시지요? 지나친 것은 모자란 것만 못하다는 뜻입니다. 지금 대한민국은 사교육으로 몸살을 앓고 있습니다. 이런 상황에서 내 아이만 공교육 영어로 버텨야 한다고 생각하면 가슴이 답답해지실 겁니다. 그래서 많은 어머님이 이 지점에서 상담 요청을 하십니다.

아이의 영어 실력에 대해 고민하실 때마다 저는 최대한 현실적인 답변을 드리려고 하는데요. 이미 진도가 빠르게 나간 아이의 어머님께 "공교육 수준으로 내려오세요"라던가, 공교육 수준의 영어를 하는 아이의 부모님께 "늦었으니 대치동처럼 달려야 합니다" 하는 말은 하지 않습니다. 현재 아이의 학습 상태에 맞게 조언을 해드리는 편입니다. 하지만 어머님들은 "○학년에 이 정도면 잘하는 건가요?"라는 질문을 끊임없이 하십니다. "지금 이렇게 하고 있는데 뭘 더 하면 좋을까요?" 이런 질문도 단골 주제입니다. 때에 따라 적절한 답을 드리긴 하지만 저는 부모님이 뭘 더하기보다는 덜어내면 좋은 것들부터 생각하시면 좋겠습니다.

이미 부모님은 넘쳐나는 정보 속에서 아이의 시간을 이리저리 재단하기 바쁩니다. 한시도 빈틈없이 모든 시간을 메우려 애씁니다. 어쩌면 이는 대한민국의 국민성에서 기인한 것인지도 모르겠습니다. 잠시 쉬거나 여유를 부리는 모습을 그냥 두지 못하는 것 말입니다. 우리 아이들의 영어 실력은 현재 어느 누구도 뒤처졌다고 보기 어려울 만큼 뛰어나고, 누구나 가능성을 가지고 있습니다. 특히 초등 자녀를 둔 부모님이라면 어떤 경우에도 조급해할 필요가 없습니다. 현재 사교육 시장이 비정상적으로 빠른 것입니다. 지금의 불안으로 아이에게 보채지 마세요. 비단 영어만의 문제도 아닙니다. 다른 과목에서도 학교 공교육에서 요구하는 과정을 잘 따라간다면 별 문제가 생기지 않습니다.

문제는 학습 결손보다 '과잉 학습'에서 오는 경우가 훨씬 더 많습니다. 지금 하지 않아도 큰일 나지 않는 일에 대해 너무 조급해한다거나, 자녀의 인지 수준에서 이해할 수 없는 것들을 억지로 주입하는 부모와 갈등을 겪는 아이의 수가 학습 결손을 겪는 아이보다 배로 많습니다. 초등 6년의 시기 전체를 감안해도, 지금 하지 않으면 문제가 생기는 일은 공교육 수준의 내용을 이해하지 못하고 있는 경우, 이 한 가지뿐입니다.

　그렇다면 교육 전문가들이 하는 말이 다 틀린 걸까요? 그분들이 말하는 "이 시점이 늦었다", "지금은 이걸 해야 한다"라고 말하는 것은 '최상위권' 아이들을 위한 조언입니다. 더구나 초등학생의 경우 어떤 성과도 결과도 나오지 않기 때문에 기준이 없습니다. 이 같은 상황에서 부모님은 막연히 불안해하며 최상위권만 바라보고, 사교육 시장은 그런 학부모님의 아득한 기대와 불안을 아주 잘 이용하고 있습니다.

　물론 우리 아이가 최상위권에 들 수 있다거나, 공부에 재능이 있다고 판단되면 사교육 시장을 십분 활용하면 될 것입니다. 하지만 저는 아직 아이가 어리고 어떤 진로를 선택할지 불분명한 상황에서 모두가 같은 방향으로 목표 없이 달리고만 있다는 생각이 듭니다. 공부가 적성이 아닌 아이도, 꿈이 공부와는 크게 관련 없는 아이도 모두 과잉 학습을 하면서 달리고 있는 것만 같습니다.

학원 정보는 잘 알면서 아이 교과서는 잘 모르는 현실

'목불식정'이란 사자성어가 있습니다. 이는 쉽고 간단한 글자인 고무래 정(丁) 자를 보고도 알아보지 못한다는 뜻으로, '낫 놓고 기역자도 모른다'는 속담과 같은 말입니다. 요즘 많은 부모님이 거의 모르는 정보가 없는 수준으로 사교육 시장에 빠삭한 편입니다. 집 주변 어느 학원이 좋고, 어느 학원에서는 무엇을 해 주고, 어느 학원에는 전교 1등이 다닌다는 둥 아주 잘 알고 계십니다.

그런 부모님이 정작 모르고 있는 두 가지가 있습니다. 첫 번째로, 부모님께 정보 공개가 가장 적은 분야인 '공교육'입니다. 학교는 학원처럼 수시로 가서 확인할 수도, 선생님과 자유롭게 통화를 할 수도 없습니다. 그렇다 보니 아이들에게서 전해 듣는 것이 다입니다. 그리고 부모님도 학교 수업에 대해서는 크게 걱정하지 않는 편입니다. 대체로 '쉽다'라고 생각하기 때문입니다.

하지만 초등 고학년의 학습은 그렇게 쉽지만은 않습니다. 교과서를 한 번이라도 본 부모님이라면 잘 아실 겁니다. 특히 사회, 과학은 사교육의 도움을 받기도 쉽지 않고, 학교 수업이 전부인데 생각보다 난도가 저학년에 비해 점프를 많이 한다는 느낌을 받게 될 겁니다. 그런데도 부모님은 어떻게 도와주어야 할지 모른다는 이유로 눈을 감습니다. 교과서를 펼쳐 놓고도 어떻게 활용해야 할지 모르는 형국은 마치 낫 놓고 기역자를 모르는 상황과 비슷해 보입니다. 이렇게 막막하니 더더욱 자세히 설명해주고, 친절하게 우리 아이의 위치를 알려주는 사교육 시장으로 몰려가게 되죠.

더 답답한 것은 이것입니다. 두 번째로 학부모님들이 잘 모르는 것이 바로 '아이'입니다. 본인 자녀에 대한 정보가 너무 부족한 편이에요. 우리 아이는 어떤 과목을 좋아하고, 꿈이 무엇이고, 어떤 말을 할 때 기뻐하고, 어떤 말을 할 때 상처받는지, 어떤 친구를 좋아하고, 수업 시간에 어떤 생각을 하는지 등 자녀에 대한 정보가 너무나 부족합니다. 지피지기면 백전백승이라고 했건만 많은 부모님이 이 부분을 간과하고 있습니다. 아이들의 메타인지만 중요한 것이 아닙니다. 부모님의 메타인지, 즉 본인이 자녀를 얼마나 파악하고 있는지 객관적으로 바라보는 시선이 부족합니다. 이런 상황에서 막무가내로 유명 학원만 가면 무조건 해결될 것이라는 착각이 가장 큰 문제입니다. 그렇게 한 뒤 성과가 나지 않으면 학원 탓을 하고, 학원을 바꾸어도 해결이 되지 않으면 애꿎은 공교육을 탓합니다. 학교에서 제대로 안 해주니 내가 이렇게 할 수 밖에 없다는 당위성을 주장합니다. 그러나 진짜 문제점은 부모님이 자신의 아이를 객관적으로 보지 못한다는 사실, 교과서를 보고도 활용법을 몰라 자녀가 공교육 학습을 하는 데 있어서 어떠한 도움도 주지 못한다는 것입니다.

공부 잘하는 아이들이 의외로 잘 놓치는 것

영어 과목만 해도 학교에서 배우는 영어의 수준이 쉬워 보이지만 앞서 설명한 내용을 꼼꼼히 체크해보시면 꽤 많은 양의 학습 내용이 포함돼 있다는 사실을 알 수 있습니다.

오히려 학원에서는 과잉 학습을 하고 있다고 말씀드렸지요. 그래서 다 안다고 생각하지만 결국 아주 기본적이고 쉬운 표현이나 기초 어휘를 모를 확률이 꽤 높습니다. "대신 학원에서 알려주는 더 어려운 어휘를 잘 알고 있으니 문제없는 것 아닌가요?"라고 반문하실 수 있습니다만 앞으로 또 앞으로만 나아가다 보면 뒤에서 무엇이 새고 있는지 모를 가능성이 높습니다. 다시 말해 어려운 것을 머릿속에 넣고 있으니 쉬운 것은 당연히 채워지는 것이 아니라, 어려운 것을 주입하느라 기본기가 새고 있는 것입니다. 실제로 정작 어려운 내용은 잘 아는 아이들이 무척 쉬운 어휘나 문법의 개념은 모르는 경우가 굉장히 많습니다.

그래서 우리는 적절한 나이에 적절한 학습만 해도, 사교육비를 많이 쓰지 않고도 영어 학습을 지속할 수 있는 방법을 연구해야 합니다. 참고로 이 부분은 엄마표 공부를 하는 분들만큼은 조금 예외입니다. 엄마표 공부는 아이의 현재 수준과 성향 등 자녀를 누구보다 잘 아는 엄마들의 교육 방식이기 때문이죠. 그렇게 엄마표로 언어를 받아들인 아이들은 수용 과정에서 스트레스 없이 배웠다고 볼 수 있어 과잉 학습이라고 할 수 없습니다. 제가 지적하는 부분은 기초부터 차근차근 쌓지 않고 제대로 된 단계를 밟지 않은 채, 아이의 인지 수준과 상관없이 사교육으로 앞만 보고 달린 경우입니다. 이 경우 아이가 영어를 싫어하게 될 확률이 높은데 그럴 때 적절하게 돌보는 방법을 알려드리겠습니다.

이제 앞에서 나온 의사소통 표현 목록, 어휘 목록, 언어 형식(문법) 등을 보고 체크하며 아이의 현재 위치를 확인해보세요. 아마 쉬운 어휘도 놓치고 있을 확률이 높습니다. 집에서 봐줄 형편이 안 된다면 학원에 보내셔도 됩니다. 우리나라 입시 현실을 보면 일부 선행 학습에 대해 무조건적으로 반대하기도 어렵습니다. 다만 경주마처럼 앞만 보고 달리지 않아야 한다는 점, 공교육은 쉬운 것이 아니라 아이의 인지 수준에 맞는 가장 최적의 학습임을 기억하는 것, 남의 이야기를 듣지 말고 우리 아이를 보라는 등의 당부를 꼭 드리고 싶습니다. 학원에서 다 배우는데 부모가 굳이 공교육 영어까지 들여다볼 필요가 있느냐 하며 생각하지 마시고 이 모든 과정은 학부모로서의 성장 과정이자 우리 아이를 더 잘 알아가는 길임을 잊지 마세요.

☆ Chapter 3.

학부모 필독!
영어 교육과정
이것만 기억하세요

과거를 알아야
미래도 알 수 있다

교육과정은 고정적일까요? 한번 정해지면 절대 바꿀 수 없는 헌법과도 같을까요? 그렇지 않습니다. 교육과정은 매번 개정을 해가면서 더 나아지는 방향으로 발전합니다.

그러면 한국교육과정평가원에서 제공하는 어휘 목록은 어떤 것을 기준으로 마련되는 것일까요? 영국국립코퍼스(British National Corpus, BNC) 또는 미국국립코퍼스(American National Corpus, ANC) 기준으로 가장 사용 빈도가 높은 어휘를 추출합니다. 이때 빈도뿐 아니라 학생들의 학습 필요 수준도 고려하는데 이 때문에 어휘 목록에서 고유 명사, 국가명, 도시명 등이 빠집니다. 거기에 또 고려해야 할 사항이 있습니다. 일반인이 많이 사용하는 단어는 아니지만 초등학생이 꼭 알아야 하는 어휘가 있다면 포함시킵니다. 예를 들면 ant(개미), giraffe(기린) 같은 단어들입니다.

이처럼 교과서는 굉장히 다양한 요소들이 고려되어 만들어진 후 실제 교육 현장에 투입됩니다. 이후 필요하다면 교육과정을 개정합니다. 그렇게 교과서는 조금씩 발전해 나가는 중이라고 볼 수 있습니다. 그렇다면 이 책에서 교육과정이 어떻게 바뀌어 왔고, 어떤 구조인지 확인했으니 앞으로의 교육과정 방향도 조금 예측해볼 수 있지 않을까요? 실제로 최근 2022 개정 교육과정이 다시 준비 중에 있습니다. 교육과정 총론이 발표되고, 과목별 지침이 정해지고 나면 본격적인 교과서 개발에 들어갈 것입니다. 그런 후에 교과서가 현장에 배포되고 적용되기까지는 시간이 더 걸리겠지만 이전 과정에 비해 더 나은 방향으로 골자를 잡아갈 것은 분명합니다.

2022 개정 교육과정 미리 보기

각각의 교육과정마다 모토가 있습니다. 2015 개정 교육과정의 핵심이 '창의와 융합'이었다면 2022 개정 교육과정의 핵심은 '디지털과 생태'가 아닐까 합니다. 2015 개정 교육과정에서는 기존 초·중·고 학생들의 학습 부담을 경감하면서 미래 인재를 위해 여섯 가지 핵심 역량을 키우는 것에 집중했습니다. 그 과정에서 개별 교과목이 아닌 교과목 간의 융합을 강조했죠. 영어는 도구적 학문이기 때문에 과목 자체에 무언가를 담기보다는 과학, 수학, 정치, 경제를 아울러 배우는 과정 속에서 영어라는 언어적 도구를 통해 성취할 수 있는 것이 무엇일지를 고민하며 교과서를 만들었던 기억이 납니다.

그래서 그때부터 '비문학'이 부각된 것 같습니다. 영어에서 문학 작품을 다룰 수는 없고, 국어 과목에서 기존 문학 작품을 공부하고 외워서 치르는 시험이 아니라 새로운 지문을 본 뒤 전혀 다른 분야의 글을 읽고 바로 해석해낼 수 있는 능력을 요구하기 시작했습니다. 이는 결국 '문해력'이라는 키워드로 발전되어 한동안 대한민국 교육 시장을 휩쓸었습니다.

2022 개정 교육과정은 아직 총론만 발표된 상황입니다. 하지만 이번 교육과정의 핵심은 모두 드러나 있습니다. 그 부분들을 순차적으로 살펴볼게요. 2022 개정의 큰 핵심은 크게 네 가지로 요약해볼 수 있습니다.

1. 미래 사회가 요구하는 역량 함양이 가능한 교육과정

미래가 빠르게 바뀌는 상황에서 그 변화에 대응이 가능한 소양을 쌓을 수 있도록 교육과정을 손봐야 한다는 취지입니다. 이 소양은 크게 세 가지를 꼽고 있습니다. 하나는 디지털 기초 소양이며, 또 하나는 기후 생태 변화에 대응할 수 있는 기초 지식을 쌓는 것이고, 마지막으로 다문화, 즉 기초 학력이 부족한 학생들을 모두 포용할 수 있도록 교육적 관심을 다지는 소양입니다. 교육부는 이런 것들을 미래 사회에서 요구하는 역량으로 판단했습니다.

2. 학습자의 삶과 성장을 지원하는 교육과정

이는 2015 개정 교육과정 전에는 없던 내용으로 이 항목이 추가된 가장 큰 이유는 고교학점제 때문입니다. 획일적인 교육보다는 모든 학생의 개별적 성장과 맞춤형 교육과정을 구현하고, 진로 연계 교육과정 운영을 하기 위함입니다.

3. 지역, 학교 교육과정 자율성 확대 및 책임 교육 구현

수도권으로 사람들이 계속해서 몰려오고 지방은 학생 수가 계속해서 줄어들고 있습니다. 게다가 교육 서비스를 받을 수 있는 기관도 훨씬 적습니다. 그래서 도농 간 교육 격차를 줄이기 위해 지역 사회와 교육 공동체 간 상호 협조 체제를 마련하는 것에 목표를 두고 있습니다.

4. 디지털, AI 교육 환경에 맞는 교수, 학습 및 평가 체제 구축

미래 사회가 요구하는 역량을 기르기 위해서는 그에 맞는 교과서 및 교수법이 필요합니다. 과목을 잘 지도할 수 있는 교사 양성도 중요한 일입니다. 현재는 새로운 과목에 대한 전문가가 부족한 상황이므로 평가 체제를 잘 구축하는 것이 무엇보다 중요합니다. 누가 가르치고, 누가 평가하든 간에 큰 편차가 생기지 않도록 틀을 갖추는 것이 필요하지요.

2022 개정 교육과정은 다음과 같이 순차적으로 적용됩니다. 따라서 교과서도 차례로 개발될 예정입니다. 우리 아이의 학년을 기준으로 미리 챙겨보시기 바랍니다.

2024년	초1, 초2
2025년	초1~초4, 중1, 고1
2026년	초1~초6, 중1~중2, 고1~고2
2027년	초1~고3 전 학년 적용

공교육 영어, 알고 보면
다 계획이 있다

자녀가 학교에서 단원 평가를 본다는 공지를 알림장을 통해 받으면 어떤 생각이 드시나요? 대부분의 어머님은 다른 과목보다 수학 단원 평가에 관심이 많습니다. 실제로 학교에서도 모든 과목의 단원 평가를 지필 평가로 할 수 없을 때에도 수학만큼은 예외입니다. 수학은 단계적 학문이기 때문에 해당 학년에서 빈틈이 생기면 다음 학년에서 학습할 때 구멍이 고스란히 드러나기 때문이죠. 그래서 다시 내려와 후행 학습을 하는 경우도 생깁니다.

반면에 영어나 국어 같은 언어는 나선형으로 반복 학습을 하면서 지식이 습득되고, 어휘도 무 자르듯 나누어 학년별로 정해져 있지 않기 때문에 수학만큼 단계적인 과목이 아닙니다. 이번 단원의 내용을 100퍼센트 이해하지 못했다고 해도 큰 문제가 되지 않습니다. 그러다 보니 지금 당장 부족한 부분이 생겨도 그리 민감하게 대응하지 않지요.

게다가 많은 부모님이 '학교 영어인데, 쉽겠지'라고 생각하십니다. 또한 영어는 수학과 달리 단원 평가를 지필 고사 형태로 하기가 어렵습니다. 이는 초등 시기의 성취 기준 때문입니다. 영어 교과는 쓰기나 읽기에 대한 부담을 줄이고, 의사소통 중심으로 구현된 수업이기 때문에 단순 지필 고사로 평가하기 어려운 항목들이 존재합니다. 그래서 수행 평가로 말하기 테스트를 하고, 지필 고사는 단어 시험 정도로 대체합니다. 그렇다 보니 부모님이 학교에서 하는 영어 수업 자체에 대한 기대가 적고, 학생들의 수준 차도 상당하기 때문에 다른 과목에 비해 영어 과목은 공교육에서 배우는 게 아니라는 이미지가 큰 것 같습니다.

교과서 속 대화 지문은 왜 어색할까

거기에 하나 더, 지속적으로 논란이 되는 지점이 있습니다. 교과서로 배우는 영어는 실제로 쓰이는 말이 아니라 어색한 대화라는 인식이 큽니다. 현실 속 일반 상황에서 쓰는 자연스러운 대화문 또는 독해 지문이 아니라 억지로 만든 듯한 지문이라는 생각이 문제가 되고 있습니다.

물론 학교 영어가 의사소통 중심 교육과정이라고 표방하면서 교과서 속 문장이 지나치게 억지스러운 것은 문제가 있어 보입니다. 실제로 그런 부분이 없지 않습니다. 지속적으로 개선되고 있긴 하지만 우리나라 교과서 집필 과정에 정부 개입이 많다 보니 이런 점은 다소 아쉽습니다. 하지만 이렇게 함으로써 얻게 되는 것도 있는데 이번 장에서는 그 이야기를 해보고자 합니다.

한국교육교과정평가원에서는 어휘 및 의사소통 기능, 언어 형식 등을 통제합니다. 초등학생이 배우면 좋은 목록을 제공해 주는 것을 다르게 해석하면 한편으론 엄격한 통제로 보이기도 합니다. 어휘나 소재의 다양성을 저해하는 요인이 될 수 있다는 것이죠. 다양성만 저해하면 다행인데 표현의 어색함까지 초래하는 경우가 있습니다. 특정 상황에서 더 적절한 어휘가 있는데 만약 권장 어휘 목록에 없는 단어라면 쓸 수가 없습니다. 대화나 리딩 지문을 만들다 보면 대화 흐름상 꼭 특정 시제를 써야 한다거나 복합문을 사용하는 것이 더 자연스러울 때가 있습니다. 하지만 그것이 초등 권장이 아닌 경우에는 사용하기가 부담됩니다. 교과서에 그런 문장이 언급되면 교사가 현장에서 꼭 가르쳐야 한다는 부담이 더해지기 때문입니다.

장기적으로 이런 규제 사항이 많이 완화되어야 영어 교과서의 신뢰도가 올라갈 수 있을 거라는 생각이 듭니다. 사실 국정 교과서에서 검정 교과서로 바뀐 것이 일차적으로 이런 시도를 한 것이라고 볼 수 있습니다. 교과서마다 단원의 개수나 구성, 쓰이는 어휘가 다르며, 교사들이 자신의 교수법, 평가 방식 등에 맞춰 적합한 교재를 선택할 수 있는 상황이 마련됐기 때문입니다.

하지만 다른 관점에서 보면 교과서는 기초 학력을 반드시 해결하기 위한 교재이고, 더군다나 초등학교의 경우는 수업 시수가 정해져 있습니다. 제한된 시간 안에 꼭 알아야 할 내용을 배우기 위해서는 효율성도 무시할 수 없죠. 의사소통 기능의 분류는 학자에 따라 조금씩 다르지만, 교육과정에 제시된 의사소통 기능은 '친교 활동', '사실적 정보 교환', '지적 태도 표현', '감정 표현', '도덕적인 태도 표현', '지시와 권고', '상상하기'의 총 일곱 가지 범주를 제시하고 있습니다. 의미 없는 분류라거나 유용하지 않다고 보기 어렵습니다. 어휘 역시 자주 쓰이는 것들 위주로 정리해놓은 목록입니다. 결국 현 교육 체계는 제한된 시간 안에서 최대의 효율을 내기 위해 필요한 방법이라고 생각합니다.

앞에서도 반복적으로 말했지만 그런 맥락에서 교과서는 적정 교육을 위해 꼭 필요합니다. 실전에서 쓰는 대화가 아니라고 해서 배울 필요가 없거나, 평가 절하되어야 하는 과목은 아니라는 뜻입니다. 교과서의 목표는 당장 외국인을 만나서 실전 대화를 할 수 있는 상태로 아이들의 언어 수준을 끌어올리는 것이 아닙니다. 물론 장기적으로 그러한 성취 수준까지 도달하기를 바라지만 당장 초등 단계에서 모든 것을 다 커버할 수는 없습니다. 그러므로 단순히 '실재적이지 않다'는 핑계로 교과서를 배울 필요가 없다는 말을 대신하지는 않았으면 합니다.

교과서는 혼자 공부하는 책이 아니다

또 하나 간과하지 말아야 하는 점이 있습니다. 교과서는 교실에서 쓰는 교재로, 개인이 집에서 홈스쿨용으로 사용하기 위해 만들어진 교재가 아닙니다. 그래서 다양한 프로젝트 활동이 포함되는데 이 활동들의 유의미성도 함께 생각해보면 좋겠습니다.

개인이 혼자 하는 활동도 있지만 교과서에는 두 명의 학생이 함께하는 짝 활동(pair work), 여러 명이 함께하는 모둠 활동(group work) 등 크게 두 가지의 형태가 수록돼 있습니다. 모둠 활동의 경우는 소그룹인 경우도 있고 대그룹인 경우도 있습니다. 대화문의 종류에 따라 활동의 규모가 달라집니다. 즉 의사소통 중심의 교육과정이기 때문에 혼자 하는 활동은 읽기나 쓰기 영역이고, 듣기나 말하기는 여러 학생들과 함께하는 활동으로 꾸려진 경우가 많습니다. 물론 프로젝트의 성격에 따라 쓰기 활동도 다수의 학생이 함께하는 형태가 될 수도 있습니다.

부모님이 교과서를 기반으로 가정에서 지도하는 일이 쉽지 않은 부분이 바로 이런 지점 때문입니다. 그래서 문제가 가득하고 친절한 해설이 있는 문제집에 자꾸 의존하게 되는 일이 반복적으로 생깁니다. 따라서 가정에서 지도할 때는 활동 위주의 학습보다 교과서 안의 주제와 표현, 어휘 위주로 공부를 하는 것이 도움이 된다는 점, 꼭 유념하시길 바랍니다.

아이 공부 자신감을 키워줄 최상의 교재

많은 부모님이 성취 지향적인 교육에 집중하고 있습니다. 이런 때일수록 잊지 않고 항상 챙겨야 하는 것이 바로 아이의 동기, 공부 정서입니다. 수포자, 영포자라는 말을 들어보셨죠? 초등 시기부터 조금씩 학습 결손이 생기는데 모르고 지나치게 되면 그 격차가 어느 순간 걷잡을 수 없이 커집니다.

1950~1960년대에 걸쳐 개발된 기대-가치 이론은 1980년대에 재클린 에클스(Jacquelynne Eccles)에 의해 교육 이론 분야로 확장되었습니다. 이론에 의하면 학생들의 성취와 업적에 관련된 선택은 두 가지 요소에 의해 결정되는데 하나는 기대이고 다른 하나는 가치입니다. 기대는 단기적 또는 장기적 미래에 수행할 일의 성공에 대한 구체적인 믿음입니다. 가치는 내가 이일을 왜 하는가, 무엇이 유용한가 등을 인식하는 것입니다. 이렇듯 학생들이 학업을 지속할 때 이런 동기부여와 자신감이 결여된다면 그냥 쉽게 포기해버리곤 합니다.

그런 면에서 교과서는 질이 낮은 교육을 제공하는 쉬운 책이 아니라 적어도 '나도 이 정도는 성취할 수 있다'는 자신감을 주는 교재여야 합니다. 공교육의 역할은 그런 것입니다. 교실에서 배제되는 아이가 없도록 끌어주는 것이 바로 공교육이란 뜻이죠. 그런 점에서 우리는 교과서가 가지는 근본적인 목표가 무엇인지 생각해보고, 그럼에도 불구하고 교과서조차 학습이 제대로 되지 않고 있다면 아이의 공부를 다시 돌아봐야 합니다. 단순히 "너무 쉬워요"가 아니라, 쉽지만 기본을 가르치고 있는 교과서 속의 숨은 가치를 읽어내면 좋겠습니다. 사교육에만 의존하기보다 본질에 가까운 영어 학습을 하는 데 도움이 되는 방향으로 교과서를 이용해보세요.

영어 교과서에 문자는 없고 그림만 있는 이유

2007년에 만들어진 7차 교육과정 하에서는 영어 교과서가 본책과 활동책으로 나누어져 나온 적이 있었습니다. 말 그대로 활동책에서는 훨씬 더 많은 활동을 하게끔 구성되어 있었습니다. 하지만 현재 2015 개정 교육과정에서는 학습량 경감을 목표로 하기 때문에 활동책은 없어졌고 본책으로만 구성되어 있습니다.

요즘 교과서는 부모님이 배웠던 그 시절 교과서와는 모습이 사뭇 많이 다릅니다. 컬러풀하고 멋진 디자인으로 시선을 사로잡습니다. 적절한 사진과 삽화도 눈에 띕니다. 게다가 스티커며 플래시카드, 심지어 각도기까지 온갖 활동 자료도 교과서에 붙어서 나옵니다. 영어 교과서도 마찬가지입니다. 특히 5, 6학년 교과서는 그렇다 치고 3, 4학년 교과서는 텍스트보다 그림이나 사진이 훨씬 더 많다는 것을 아실 겁니다. 왜 그런 걸까요?

교육부의 숨은 의도 파악하기

앞에서 우리는 성취 기준에 대해 다룬 적이 있습니다. 그때 잠시 나왔던 초등학교 3, 4학년군의 성취 기준표를 다시 한번 살펴보겠습니다. 57쪽을 봐주세요.

그중에서 (3) 읽기 파트와 (4) 쓰기 파트를 주목해주시기 바랍니다. 읽기 파트의 다섯 개의 항목 중에 네 개가 낱말이나 어구 단계에 멈춰 있음을 알 수 있습니다. 5번 항목에서만 '쉽고 간단한 문장을 읽고 의미를 이해할 수 있다' 정도로 문장이 언급되죠. (4) 쓰기 파트를 보면 어떤가요? 여기에서도 알파벳이나 낱말, 어구를 쓰는 것에 그칩니다. 즉 3, 4학년군 전체에서 요구하는 성취 기준 목표가 문장 단위의 유의미한 글을 읽거나 쓰는 것이 아니라는 겁니다. 이것이 의미하는 바는 교과서에 문자를 노출하지 말라는 교육부의 의지를 담고 있습니다.

3학년에 처음으로 영어 학습이 시작되는 우리나라의 교육과정은 알파벳과 파닉스 학습을 먼저 하게 합니다. 듣기, 말하기를 먼저 배우면 좋겠지만 보텀업 방식으로 수업이 진행되므로 문자 인식부터 하게 됩니다. 하지만 파닉스 부분을 제외하고 대화문은 의사소통 중심으로 구성되어, 문자를 읽고 쓰는 것보다 대화 상황을 듣고 말하는 활동 위주로 이루어져 있습니다. 따라서 바로 문자로 보여주고 읽는 것에 초점을 맞추지 않고, 소리로 들으며 사진이나 그림으로 상황을 파악한 뒤 말하기로 인출하는 과정을 거칩니다. 그런 패턴으로 학습이 이루어지다 보니 교과서 안에 글자의 양을 최소화할 수밖에 없습니다. 3, 4학년 교과서에는 스토리 부분에서도 그림을 보고 내용을 유추하도록 유도하고, 리딩 본문도 문장의 형태로 직접적으로 노출해주지는 않습니다. 그렇다 보니 초등 3, 4학년 교과서를 펼치면 글자가 없고 그림만 많아 보입니다. 그럼 글자는 어디에 숨어 있는 걸까요?

디지털 교과서로 보고 들으며 학습하는 법

이명박 정부 때 처음으로 디지털 교과서가 개발되었습니다. 삼성의 갤럭시탭과 애플의 아이패드 두 개의 디바이스에서 구동이 되도록 만들어졌는데요. 그 당시에는 종이 교과서가 금방이라도 디지털 교과서로 대체될 것처럼 보였고 모두 기대가 컸습니다. 하지만 기기 제공에 문제가 생겨 그 부분은 없던 일이 되었습니다. 각 교실마다 기기를 학생 수에 맞게 다 제공하기 힘들다는 현실적인 문제였지요. 그렇게 디지털 교과서는 유명무실해졌습니다. 현장에서 선택받지 못하는 상황이 되었지요.

그때 제가 회사에서 근무하면서 있었던 에피소드 하나를 들려드리겠습니다. 디지털 교과서를 제공하게 되자 영어 교과서에 늘 붙어 있던 CD가 사라졌습니다. 대신 교과서 뒤에 디지털 교과서를 어디서 다운로드받으면 된다는 안내 문구가 적혔죠. 하지만 그걸 제대로 읽어보는 사람이 많지 않지요. 학교에서도, 학부모들도 출판사로 수많은 문의 전화를 했습니다. 그때 "CD가 사라졌다"라는 전화만 몇십 통을 받았던 기억이 납니다.

하지만 그건 '작은 시작'이었습니다. 이게 무슨 시간 낭비, 예산 낭비냐는 말까지 많이 나왔지만 그 당시 실패했던 경험이 지금의 디지털 교과서를 만들게 된 것입니다. 그 뒤로 출판사에서는 종이 교과서를 만든 후 디지털 교과서를 제작하는 것이 당연한 수순이 되었고, 디지털 교과서의 기술이나 디자인 등은 업그레이드되었습니다. 사실 현장에서는 계속 외면당했지만 개발을 안 할 수는 없었습니다. 어떻게 하면 실제 학교나 가정에서 쓰게 할 수 있을까 하고 지속적으로 고민하면서 개발을 이어나갔습니다.

몇 년이 지나고 갑자기 세상은 코로나로 인해 옴짝달싹 못하는 상황에 처했습니다. 그동안 만들어졌으나 사용되지 못한 각종 온라인 자료들이 비대면 수업을 통해 적극적으로 쓰이게 되었습니다. 디지털 교과서 안에 무엇이 들어 있는지 교사들이 알게 되었죠. 그리고 그것을 교육에 어떻게 활용해야 도움이 될지 고민하기 시작했습니다.

현재는 에듀넷 티클리어 사이트(www.edunet.net)에 들어가면 디지털 교과서를 다운로드받을 수 있습니다. 요즘엔 영어뿐 아니라 다른 과목도 디지털 교과서로 제작되어 배포 중입니다. 디지털 교과서가 없는 과목은 PDF 파일로 받을 수 있습니다. 여러 과목 중에서 디지털 교과서의 효과가 가장 높은 것이 영어와 과학입니다. 비용을 가장 많이 들여 제작에 심혈을 기울이는 교과이기도 하고요. 과학은 각종 실험이나 행성의 움직임 등 영상이 필요한 장면이 디지털 교과서 속에 구현이 잘 되어 있습니다. 영어 과목은 듣기, 말하기 활동뿐 아니라 문화에 관련된 영상이나 각종 게임, 프로젝트 등을 애니메이션으로 확인할 수 있습니다. 교과서 속 대표 예문도 원어민이 직접 대화하는 장면을 통해 생생하게 보여줍니다. 이 때문에 교과서에는 더더욱 글자가 없는

디지털 교과서 화면

Sora : What do you want, Danny?

Danny : How about hamburgers?

(※ 출처: 천재(함) 6학년 디지털 교과서)

것입니다. 디지털 교과서에서 많은 부분을 영상화하여 보여주니까요.

언어는 문화로 배우는 것이다

교과서에는 문화를 다루는 부분이 꼭 나옵니다. 언어는 그 나라의 문화를 안고 있지요. 대부분의 초등학생은 세계관이 넓지 않으며, 해외에 가 보거나 외국인을 만나본 경험 자체가 아주 적습니다. 그래서 그냥 언어로서의 영어만 알려주기보다는 그 나라의 문화를 함께 공부하고, 우리나라 문화와 어떤 차이가 있는지 살펴보는 과정도 아주 중요합니다.

영어 교과서 역시 항상 일정 페이지를 할애하여 다양한 나라의 문화를 소개합니다. 영미권 문화를 대체적으로 알려주지만 인사말, 전통의상, 음식 등의 소재가 나올 때는 영미권으로 한정하지 않고 다양한 나라의 문화를 소개합니다. 교실에서 실제로 수업을 할 때도 자리에 앉아서 교과서만 읽는 것이 아니라 아이들이 일어나서 직접 만든 소품을 가지고 돌아다니며 대표 대화문을 되도록 많이 연습하도록 합니다. 그리고 그 대화문 속 상황과 우리나라의 상황이 각각 어떻게 다른지 생각해보고, 나라면 어떻게 행동할지 가늠해보는 활동을 합니다. 이때 아이는 각 언어가 가진 '뉘앙스'라는 것을 배우게 되죠.

더불어 교과서 속 사진이나 그림으로 여러 나라의 문화, 배경, 풍경 등을 미루어 짐작하게 합니다. 이는 문자 몇 개로 표현되는 것보다 훨씬 더 가치 있습니다. 어휘를 다양하게 사용할수 없어 표현의 한계가 생기기도 하지만, 초등학생의 인지 수준에 맞게 접근하기 위해서 문자를 배제하고 상상력으로 채워가는 것이 더 합리적이라고 판단한 것입니다. 이로 인해 우리는 영어 교과서에서 글자보다 그림이나 사진을 더 많이 접하게 됩니다. 그렇기 때문에 아이와 영어 교과서로 예·복습을 할 때는 먼저 그림만 보고 내용을 짐작한 뒤, 그다음에 이런 것들이 실제로 어떻게 구현되는지 디지털 교과서를 활용하여 확인해보는 것을 추천합니다.

부모의 조바심을 다스려야
아이의 영어력이 자란다

하루 이틀의 일도 아닙니다. 지역, 학교마다 차이가 나는 것은 비단 영어 과목만도 아닐 겁니다. 다만 타과목에 비해 영어는 배워야 하는 부분의 범위가 특정되어 있지 않다 보니 그 차이가 더 크게 느껴지는 거라고 생각합니다.

이때 조바심을 느끼는 분들이 많을 텐데, 제가 앞서 말씀드렸듯 격차가 학습 결손의 문제라면 바로잡아야 하는 것이 맞지만 과잉 학습의 단계라면 이상을 좇기 위해 아등바등할 필요는 없습니다. 아이가 영어 교과서 내용만 100퍼센트 습득하고 이해했다고 한다면 적어도 학습 결손 없이 높은 단계로 올라갈 수 있습니다. 그러면 어떻게 학습해야 잘했다고 할 수 있으며, 결손이 없는 수준인지는 '성취 기준'을 바탕으로 판단할 수 있습니다(57쪽 참고). 이는 해당 학년의 성취 기준을 잘 달성하였으며, 또 초등학교 졸업 전까지 최소한의 어휘 800개를 모두 읽고 쓸 수 있고, 끝으로 교과서에서 제공하는 소재에 맞는 대화문을 적절하게 사용할 수 있다면 초등 교육과정에서 요구하는 영어 학습을 부족함 없이 잘한 것이라고 볼 수 있습니다. 자, 여기까지 오면 또한 가지 의문이 생기실 겁니다. 그렇다면 결손만 없으면 대입까지 문제가 없는 것일까 하는 고민이지요.

초등 엄마들이 말하는 학교 공부의 현실

약 13만 명의 초등 어머님들이 모여 활동하는 '네이버 초등맘 카페'가 있습니다. 그곳 회원분들께 설문 조사를 해보았습니다. 공교육에 대한, 특히 영어 교과목에 대한 인식이 어느 정도인지 궁금했거든요. 현재 아이를 키우고 있는 초등 학부모님의 의견이야 말로 가장 생생한 현장 상황이 아닐까 해서 말입니다.

Q. 어머님들은 공교육 영어만으로 충분하다고 생각하시나요?

① 공교육만으로는 영어 학습이 불충분하다.
② 공교육 영어도 따라가기 쉽지 않으므로 이것만 잘해도 좋을 것 같다.

③ 기타 의견

결과는 ①번. 충분하지 못하다는 의견이 약 89.2퍼센트로 압도적으로 많았습니다. 예상했던 결과이긴 하지만 왜 이렇게 나오게 되었는지 구체적인 이유가 궁금해서 댓글을 하나하나 읽어보았습니다.

[초2 초1 ○○○]
중·고등 수준으로 올라가면 갑자기 난도가 확확 뛰죠.
다 소화하기 전에 다음 내용으로 넘어가고…
아이가 스피킹이 약한 것 같아요.

[3학년 ○○○]
학교 교육만 믿고 가기 너무 힘들어요.
경제력에 따라 영어 격차도 심하고요.

[초3 ○○○○○]
초등 선생님들도 영어는 꼭 하라고 말하시고
실제로 본인 자식들은 더 일찍 시키던데요.
아, 공교육 이래서 아닌가 보구나 했어요.

[초1 ○○맘]
학교에서와 학원에서의 영어 교육의 갭이 너무 크기 때문에
학원 수업하는 애들은 학교 수업 영어가 재미없고 시시하겠죠.

그렇다고 학교 교육만 믿고 있다가는 초등학교 지나 중·고등학교
가서 고생할거 뻔하니 미리미리 시키는 것 같아요.

[중1 초3학년 ○○맘]
초1부터 학교에서 파닉스 알려주고
저학년은 학교에서 리딩 위주로 주당 3시간 정도는
가르치는 시간표를 만들어주면 좋겠어요.
가장 격차가 심한 과목이 영어가 아닐까 생각됩니다.

[초3 7세 ○○○○]
타 과목들도 공교육만으론 힘든데, 영어는 더 불가능하다고 봐요.

[초3 ○○○○]
초3 영어 교과 배우는 거 보고 문화 충격이 컸어요.
외국식 영어하고 너무 비교되는, 엉터리 영어를
시간 낭비하면서 배우는 느낌이 들더라고요.
(중략)
미래를 책임질 어린아이들이 제대로 된 영어 교육을
학교에서 배울 수 있게 시스템이 바뀌길 바랄 뿐이죠.
수능 영어만 잘해야 되는 현실이 안타깝긴 해요.
막상 원어민들은 수능 영어 보면 도대체 어느 나라 영어지?
분명 같은 영어 단어들로 구성된 문장인데 이게 뭐지? 이래요.

[초1 ○○○맘]
아는 초등 교사 엄마가 육아 휴직 끝내고
다시 학교로 가는데 교사 TO가 없어 영어 선생님으로

배정받는 거 보고 깜짝 놀랐어요.
그분 초등 영어 전공도 아니고 사투리도 심해서
발음도 영 아니거든요.

어떤가요? 여기에 적힌 학부모님의 의견에 동의하나요? 많
은 분이 답변을 해주셨는데, 그중에서 눈에 띄는 댓글을 뽑아서
정리해보았습니다. 댓글의 내용은 맞는 것도 있고, 잘못된 정보
도 다소 들어가 있습니다. 하지만 맞고 틀림을 떠나서 이것이 현
재 대다수의 학부모님이 느끼는 공교육에 대한 인식이자 이미
지라고 생각해 가감 없이 가져왔습니다.

많은 어머님이 학교 현실을 잘 꼬집어주었습니다. 현재 현장
에서 가장 문제가 되는 부분이 바로 교사 수급 건입니다. 교육과
정을 몇 차례 수정해가면서 내용은 탄탄해지고 있고, 교과서도
그에 맞추어 계속 개편되고 있습니다만 현장에서의 교사 수급
문제는 여전히 심각합니다. 원어민이 없는 학교가 더 많고, 있다
고 해도 교사의 연수 기간이 충분하지 않습니다. 물론 몇몇 학
교에는 영어 전담에 특화된 선생님들이 계시긴 합니다. 노하우
가 많이 쌓인 노련한 교사의 경우 문제가 되지 않지만, 위에 한
어머님이 말씀한 대로 갑작스러운 휴직 또는 전근으로 인해 일
반 선생님이 영어 전담을 떠맡게(?) 되는 상황이 종종 있습니다.

중·고등학교의 영어 선생님과 달리 초등학교 선생님은 영어를 전공했다고 해서 영어 전담 교사가 되고, 아니라고 해서 안 되는 것이 아닙니다. 학교 내부 사정상 변동이 많습니다.

제 주변에도 교사가 많습니다. 실제 영어를 전공하고도 남자라는 이유로 몇 년째 체육 전담으로 일하는 선생님도 계시고, 나이가 어리다고 교과 전담이 아닌 담임이나 업무가 많은 쪽으로 배정을 받는 경우도 있습니다. 제 아이가 다닌 초등학교에서도 그런 일이 있었습니다. 1학년 때 담임 선생님을 3학년 때 영어 선생님으로 만나게 되어 아이가 당황해 한 기억이 납니다.

언제까지 '빨리 빨리 공부'에 끌려다닐 건가요?

두 번째로 많았던 불만은 영어다운 영어를 배우지 않는다는 점이었습니다. 많은 어머님께서 원어민이 배우는 방식으로 자녀들이 학교에서 영어를 배운다면 사교육에 대한 부담을 덜 수 있다고 생각합니다. 하지만 잘 생각해보면 영어 유치원을 제외하고 딱히 언어로서의 영어를 가르쳐주는 학원은 많지 않습니다. 모두 입시 위주의 학습이지요. 그런데도 우리는 그곳에 만족합니다. 이유는 원어민식으로 영어를 배워서가 아니라 '속도'에 만족하고 있기 때문이지요. 이는 우리 아이가 다른 집 아이보다 더 빨리, 더 많이 배우고 있다는 사실에 대한 만족은 아닐지 냉정하게 생각해보아야 합니다.

공교육은 학원만큼의 속력을 내주지 않는 것이 내심 답답하고 불안하실 겁니다. 아무리 학교에서 배워도 영어로 말 한마디, 글 한 줄 쓰지 못하는 현실에 답답할 수도 있습니다. 하지만 영어 학원을 오래 다녔다고 해서 그런 성과가 비용 대비 괄목할 수준이냐는 것이지요. 그런 면에서도 우리는 공교육에 대한 불만보다는 교육과정을 더 면밀히 살피고, 영어 교육을 어떤 방식으로 끌고 가야 비용은 적게 들이면서 최대한의 효과를 낼 수 있을지 고민해야 합니다.

제가 앞에서 영어 교과서에 나오는 표현이 다소 자연스럽지 못하다고 해도 초등 시기에 배워야 할 수준의 기초 표현을 모두 포함하고 있다고 말씀드렸습니다. 그리고 고등학교 교과서 또는 수능에 나오는 지문은 부모님이 생각하는 한국식 영어 지문이 아니라는 점도 다시 한번 알려드립니다. 어디까지나 원문에서 발췌한 내용이고, 거기에 쓰인 어휘를 최대한 지키면서 주제와 연결하여 수정한 것입니다.

수능도 마찬가지입니다. 수능 문제를 보면 가끔 지문 아래에 어휘 뜻을 알려주는 경우가 있습니다. 사용할 수 있는 어휘에 제한이 있기 때문이죠. 대신 최대한 원문을 훼손하지 않은 상태에서 아이들이 문제를 풀 수 있게 합니다. 이런 지문이 원어민에게 어색하게 느껴지는 이유는 무엇일까요? 아마 우리가 수능 국어 지문을 읽을 때와 비슷한 기분일 겁니다. 다음의 2022년 수능

국어 지문을 봐주세요. 쉽게 잘 읽히나요? 어휘가 적절한가요? 문법은 자연스럽습니까?

영어 지문도 별반 다르지 않습니다. 원어민이라고 해도 학력 수준이나 문해력의 차이에서 오는 격차는 분명 존재합니다. 수능은 고등 교육과정을 마치고 대학 수학을 받기 위한 능력을 검증받는 시험입니다. 문제에 나오는 지문의 수준이나 어휘는 일상생활에서 쓰는 편한 형태의 어휘나 문장이 아니라는 뜻입니다. 이런 면을 간과하지 마시기 바랍니다.

(가)

㉠정립-반정립-종합. 변증법의 논리적 구조를 일컫는 말이다. 변증법에 따라 철학적 논증을 수행한 인물로는 단연 헤겔이 거명된다. 변증법은 대등한 위상을 지니는 세 범주의 병렬이 아니라, 대립적인 두 범주가 조화로운 통일을 이루어 가는 수렴적 상향성을 구조적 특징으로 한다. 헤겔에게서 변증법은 논증의 방식임을 넘어, 논증 대상 자체의 존재 방식이기도 하다. 즉 세계의 근원적 질서인 '이념'의 내적 구조도, 이념이 시·공간적 현실로서 드러나는 방식도 변증법적이기에, 이념과 현실은 하나의 체계를 이루며, 이 두 차원의 원리를 밝히는 철학적 논증도 변증법적 체계성을 ⓐ지녀야 한다.

2022년 대학수학능력시험 국어 짝수형 4~9번 지문 중 일부

기축 통화는 국제 거래에 결제 수단으로 통용되고 환율 결정에 기준이 되는 통화이다. 1960년 트리핀 교수는 브레턴우즈 체제에서의 기축 통화인 달러화의 구조적 모순을 지적했다. 한 국가의 재화와 서비스의 수출입 간 차이인 경상 수지는 수입이 수출을 초과하면 적자이고, 수출이 수입을 초과하면 흑자이다. 그는 "미국이 경상 수지 적자를 허용하지 않아 국제 유동성 공급이 중단되면 세계 경제는 크게 위축될 것"이라면서도 "반면 적자 상태가 지속돼 달러화가 과잉 공급되면 준비 자산으로서의 신뢰도가 저하되고 고정 환율 제도도 붕괴될 것"이라고 말했다.

이러한 트리핀 딜레마는 국제 유동성 확보와 달러화의 신뢰도 간의 문제이다. 국제 유동성이란 국제적으로 보편적인 통용력을 갖는 지불 수단을 말하는데, ㉠금 본위 체제에서는 금이 국제 유동성의 역할을 했으며, 각 국가의 통화 가치는 정해진 양의 금의 가치에 고정되었다. 이에 따라 국가 간 통화의 교환 비율인 환율은 자동적으로 결정되었다. 이후 ㉡브레턴우즈 체제에서는 국제 유동성으로 달러화가 추가되어 '금 환 본위제'가 되었다. 1941년에 성립된 이 체제는 미국의 중앙은행에 '금 태환 조항'에 따라 금 1온스와 35달러를 언제나 맞교환해 주어야 한다는 의무를 지게 했다. 다른 국가들은 달러화에 대한 자국 통화의 가치를 고정했고, 달러화로만 금을 매입할 수 있었다. 환율은 경상 수지의 구조적 불균형이 있는 예외적인 경우를 제외하면 ±1% 내에서의 변동만을 허용했다. 이에 따라 기축 통화인 달러화를 제외한 다른 통화들 간 환율인 교차 환율은 자동적으로 결정되었다.

2022년 대학수학능력시험 국어 짝수형 10~13번 지문 중 일부

30. 다음 글의 밑줄 친 부분 중, 문맥상 낱말의 쓰임이 적절하지 않은 것은?

It has been suggested that "organic" methods, defined as those in which only natural products can be used as inputs, would be less damaging to the biosphere. Large-scale adoption of "organic" farming methods, however, would ① reduce yields and increase production costs for many major crops. Inorganic nitrogen supplies are ② essential for maintaining moderate to high levels of productivity for many of the non-leguminous crop species, because organic supplies of nitrogenous materials often are either limited or more expensive than inorganic nitrogen fertilizers. In addition, there are ③ benefits to the extensive use of either manure or legumes as "green manure" crops. In many cases, weed control can be very difficult or require much hand labor if chemicals cannot be used, and ④ fewer people are willing to do this work as societies become wealthier. Some methods used in "organic" farming, however, such as the sensible use of crop rotations and specific combinations of cropping and livestock enterprises, can make important ⑤ contributions to the sustainability of rural ecosystems.

* nitrogen fertilizer: 질소 비료　** manure: 거름
*** legume: 콩과(科) 식물

2022년 대학수학능력시험 영어 짝수형 30번 지문

교과서부터 철저하게 끝내라

학교, 지역 간 격차가 아무리 있다고 해도 그건 아주 일부의 좁은 구간에서 발생하는 병목 현상 같은 것입니다. 다수의 학생들 틈에 있다 보니 수업 시간에 모든 내용을 100퍼센트 흡수하지 못할지라도 집에 돌아와서 충분히 복습한다면 차이는 조금씩 좁힐 수 있습니다.

문제는 대부분이 매일의 복습 시간을 잘 지키지 않는다는 점입니다. 약간의 차이를 매일 규칙적으로 메우기만 하면 정규 교육과정을 따라 수업 시간에 배운 것만으로도 수능 영어에 도달하는 데 큰 문제가 없는데 말이죠. 이는 수학 과목도 다르지 않습니다. 학교에서 배우는 수학과 수능에서 나오는 내용이 다른가요? 같은 교육과정이지만 수학 문제를 누가 더 많이 풀고 연습했는지, 개념에 대한 이해를 누가 더 열심히 정리했는지의 차이만 있을 뿐입니다. 영어도 개개인의 노력 차가 있을 뿐, 사교육을 많이 한 아이들과 그렇지 못한 아이들의 차이가 존재하는 것은 아니라는 뜻입니다.

이제 더는 내가 영어 유치원 또는 비싼 대형 학원에 보내주지 못해서 우리 아이의 영어가 부족하다고 느끼지 않으셨으면 좋겠습니다. 모든 교과목이 공교육에서 충분히 다져지지 못하는 구조적인 문제가 있습니다. 비단 영어만의 문제가 아닙니다. 이는 한 교실에 다수의 학생들이 모여 있고, 수준에 맞는 학습이 아닌 정해진 교육과정에 맞춰 획일적으로 나아가는 과정에서 문제가 생길 수밖에 없는 것입니다. 그러나 가정에서 교과서를 바탕으로 자녀의 수준에 맞춰 진도를 나간다면 누구나 사교육에 의지하지 않고도 충분히 좋은 성과를 낼 수 있습니다.

다음 장에서부터는 어떻게 해야 집에서 아이의 영어를 교과서 하나만으로 잘 이끌어갈 수 있을지 세부적인 방법을 안내해 드릴 예정입니다. 실전편을 활용하여 가정에서 영어 학습을 돕는다면 비싼 사교육비에 대한 부담을 내려놓으실 수 있을 겁니다. 그리고 아이도 훨씬 편안하게 학습을 따라올 것입니다.

너 영어 교과서
씹어 먹어 봤니?

PART 2.
실전편

★ Chapter 4.

영어 교과서 제대로 씹고, 뜯고, 맛보는 법

공교육의 첫 시작,
초등 3~4학년 영어 공부법

알파벳과 파닉스를 100% 안다는 것

대부분의 아이가 알파벳 정도는 떼고 초등학교에 입학합니다. 심지어 한글을 다 익히기도 전에 알파벳 노래부터 들은 친구들도 많은 것 같습니다. 하지만 어머님이 생각하는 알파벳을 떼었다는 기준과 선생님이 생각하는 기준은 좀 다릅니다. 어머님들은 아이가 알파벳 노래를 막힘 없이 부르거나 대소문자를 인식하면 알파벳은 이제 다 안다고 규정하곤 합니다. 여러분은 어떠신가요? 같은 생각이 든다면 제 이야기를 집중해서 들어주시기 바랍니다.

알파벳을 안다는 뜻은 문자의 모양을 이해하고, 알파벳의 이름을 아는 것입니다. 하지만 한 가지 놓치고 있는 부분이 있습니다. 그것은 알파벳의 '소리'입니다. 알파벳 a가 이름은 '에이'이지만 소리는 [애] 입니다. 알파벳 b는 '비'이지만 소리는 [ㅂ]이지요. 여기까지 말씀드리면 "우리 애는 그거 다 알아요"라고 말씀하실 겁니다. 하지만 스물여섯 개의 알파벳을 모두 다 잘 알고 있는지 반드시 체크해보는 것을 권합니다. 당연히 다 알 거라고 생각하시겠지만 제가 막상 현장에 가 보니 많은 아이가 잘 모르고 있었습니다. 자음은 덜하지만 모음 a, e, i, o, u의 소리를 정확히 아는 아이가 드물었습니다.

a	e	i	o	u
[æ] 입을 크게 벌린 '애' 소리	[e] 입 모양이 가로로 길게 생긴 '에' 소리	[i] [ɪ] 우리말 '이'와 '어'의 중간 소리	[ɑ] 우리말 '아에 가까운 소리	[ʌ] 턱을 떨어뜨리고 우리말 '어'에 가까운 소리

초등 교육과정 중에는 '소리와 철자'의 관계를 알게 한다는 내용이 포함돼 있습니다. 초등 3학년 교과서에 해당 내용이 수록돼 있지요. 하지만 우리는 학교에서 이 내용을 왜 배울 수 없을까요? 학교 현장에서 안 가르치는 것은 아닙니다만 실질적으로 가르칠 수 있는 시간이 매우 적습니다. 다시 말해, 교육과정에 나와 있는 내용을 학교에서 그냥 넘어가는 것이 아니라 수업

에서 다루기는 하지만 학생들이 실질적으로 익힐 시간이 부족합니다. 학습자가 충분히 이해하고 학습이 되었는지 확인할 수 있을 만한 시간이 현장에서 주어지지 않습니다. 여기에는 여러 가지 원인이 있습니다.

- 교육과정상 수업 시수 부족

한 반에 요즘 학생 수가 줄었다고 해도 20여 명은 됩니다. 과밀 지역에서는 30명이 넘기도 합니다. 이런 현실에서 20~30명 정도의 학생들이 알파벳을 처음 배운다는 전제 하에 투여해야 할 시간은 어느 정도일까요?

보통은 스물여섯 개의 글자를 한 차시 안에 배울 수가 없습니다. 그래서 일반 학교에서는 알파벳을 3개씩 쪼개서 진도를 나갑니다. 그렇다고 하면 최소한 8~9시간은 필요하고, 복습과 확인까지 한다면 약 열 번의 수업을 알파벳에 할애해야 합니다. 하지만 교육과정상 이렇게나 많은 시간을 알파벳 학습에만 쓸 수가 없습니다. 영어 수업 시간을 늘리면 좋겠지만 공교육에서는 다른 과목도 균형 있게 가르쳐야 할 의무가 있습니다. 그래서 실제 현장에서는 단원별로 진도를 나가면서 보조적으로 알파벳을 학습하게 합니다.

그런데 이 방식의 문제는 알파벳 학습과 가장 깊은 연관이 있는 파닉스 학습, 즉 '소리와 철자의 관계를 배우는' 공부가 누락

되었다는 것입니다. 결국 소리와 철자를 잘 연결하지 못하는 아이에게 의사소통 중심의 교육과정을 따르게 수업을 진행하는 것이지요. 이 지점에서 내용을 따라오지 못하는 학생들이 발생합니다.

- 교실 안 아이들의 수준 차

교육과정 자체의 문제도 있지만 서울을 기준으로 보면 알파벳을 학교에서 처음 접한 아이들이 한 반에 한두 명밖에 되지 않습니다. 그렇다 보니 교사 입장에서는 한두 명의 학생들을 위해 알파벳 시간을 더 늘릴 수는 없습니다. 나머지 학생들이 학습의 흥미를 잃을 가능성이 높기 때문입니다. 한 반에 알파벳도 못 뗀 아이와 영어 원서를 줄줄 읽는 아이가 공존하는 것이 현재 우리나라 공교육의 현실입니다. 그래서 교사가 아이들의 눈높이에 맞추기보다는 교재, 즉 교과서 진도 위주로 수업을 진행하는 경우가 많습니다.

- 초등 1, 2학년의 영어 수업 부재

현재 국내 교육과정으로는 초등학교 3학년부터 영어 공부를 시작하도록 되어 있습니다. 따라서 초등 4년 안에 중등 교육과정에서 요구하는 기본 영어 능력을 갖춰야 합니다. 그렇다 보니 교육과정의 내용과 속도가 급할 수밖에 없습니다.

그렇지만 공교육에서는 초등 입학 이후 한글 교육을 시작하고, 교육부 입장으로는 선행 학습을 자제해야 한다는 움직임 때문에 영어 수업을 1학년부터 시작하는 것이 부담이 됩니다. 그래서 현 교육과정에서는 초등 3학년부터 영어 수업을 시작하여 기초 영어 학습을 다지는 시간이 부족할 수밖에 없지요. 이 부분은 국민적 합의가 쉽게 이루어질 수 있는 사항은 아니기 때문에 정리되기까지 다소 시간이 걸릴 것으로 보입니다.

3학년 첫 영어 수업, 어떻게 대처하면 좋을까

그래도 학부모님은 이런 현실에 불만과 불신으로 대처할 것이 아니라 영어 공교육의 정확한 위치를 알고, 어떻게 잘 대처할지를 고민해야 합니다. 적어도 교과서에 나온 내용은 우리 아이가 다 이해하고 숙지하고 있어야 합니다. 교과서를 따라오지 못하는 상태에서 학원에서 단어 암기나 영어책 읽기 등을 하는 것은 추후에 더욱 큰 구멍만 만들 확률이 높습니다. 자녀의 영어 실력이 공교육 수준보다 높다고 판단할 수 있는 기준은 교과서 내용을 모두 숙지하고, 교과서에 나오는 어휘는 모두 읽을 수 있어야 한다는 전제가 있습니다. 다음은 2015 개정 교육과정이 반영된 교과서 5종 중에 알파벳 학습 부분과 3학년 앞 단원 일부를 발췌한 내용입니다. 우리 아이들이 어느 정도까지 성취를 해야 하는지 구체적으로 알아보도록 하겠습니다.

천재(함) 3학년 2단원	
	천재교육은 시장 점유율이 50퍼센트에 육박하는 교과서로, 많은 학교에서 사용하고 있습니다. 타 교과서와 달리 초등 3학년 교과서에서 알파벳 스물여섯 개를 1단원 시작 전 Warm Up 1-3 부분에서 한 번에 다루고 있습니다. 그래서 1단원에 들어가기 전에 알파벳은 모두 학습했다고 보고, 1단원부터는 p, b / c, k / s, z 등 비슷한 소리를 내는 비교자음 연습만 하게 됩니다. 즉 아이가 다니는 학교에서 천재교육 교과서를 채택하고 있다면 반드시 알파벳 및 기본 파닉스를 미리 마치고 3학년 영어 공부를 시작하시길 바랍니다.
대교 3학년 1단원	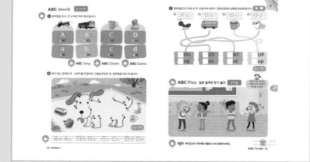
	대교는 단원당 알파벳을 네 개씩 배우게 합니다. 알파벳 학습과 동시에 포커스를 맞추고 있는 부분은 대소문자를 구분하는 활동입니다. 그리고 어휘는 ant, bus, cup, dog처럼 CVC 워드(사이드에 자음이 있고 중간에 모음이 있는 단어) 위주로 구성되어 있습니다. 그렇다고 해서 CVC 워드로만 구성된 것은 아니며, 고빈도 어휘인 사이트 워드(sight words)도 종종 보이기 때문에 파닉스 규칙 어휘와 사이트 워드까지 모두 포괄적으로 학습하시길 권합니다.

시사(최) 3학년 1단원	
	시사는 최희경 교수님이 대표 저자인 책과 김혜리 교수님이 대표 저자인 책, 두 종류가 있습니다. 시사(최)의 경우는 단원별로 네 개의 알파벳으로 구성되어 있습니다. apple, banana, cup, dog처럼 CVC 워드에 국한하지 않고 2음절 이상의 어휘도 등장합니다.
시사(김) 3학년 1단원	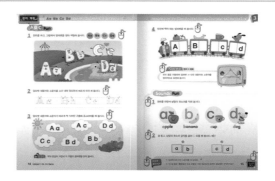
	시사(김)의 경우는 목표 문자인 알파벳 낱글자에 집중하여, 해당 알파벳의 예시 단어가 문자 형태로 나타나지 않습니다. 대신 그림으로 사과, 책, 컵 등을 보여줍니다. 다른 교과서에 비해 난이도가 낮음을 알 수 있습니다.

문제집 대신 다른 학교 교과서를 준비하자

위에서 살펴보았듯이 교과서마다 미세한 난도 차이가 있습니다. 그래서 아이가 다니는 학교에서 쉬운 수준의 교과서를 선택했다고 해서 거기에만 맞출 것이 아니라 가장 어려운 내용의 교과서를 보고, 아이가 모르는 어휘나 표현이 없는지 짚고 넘어갈 필요가 있습니다. 이미 아시다시피 교과서는 가장 기본적인 수준의 교재이므로 이 정도 수준은 반드시 숙지해야 합니다.

위의 내용을 보니 어떤가요? 학교에서 영어를 가르쳐준다는 가정 하에 아이가 알파벳조차 연습하지 않은 상태로 영어 수업을 듣게 되면 내용을 잘 따라갈 수 있을까요? 또는 요즘 파닉스는 억지로 안 해도 된다는 분위기에 휩쓸려 그냥 영상만 보고 엄마표 영어만 해도 될까요? 우리 생각보다 교육과정 속에서는 문자로 학습을 해야 하는 부분이 더 많이 있습니다. 초등 교육과정의 전반적인 기조는 '의사소통 중심'이므로, 문자를 교과서에 직접적으로 노출하지 않고 듣기, 말하기가 중점적으로 구성되어 있습니다. 하지만 알파벳과 기본 어휘는 문자로 나온다는 점을 잊지 마시기 바랍니다. 그리고 공교육에서는 따로 복습의 과정을 거치고 다음 학년으로 올라가는 순이 아닙니다. 4학년이 되면 또 새로운 내용을 배워야 하기 때문에 반드시 3학년 때, 3학년 과정을 아이가 잘 따라가고 있는지 확인해야 합니다.

이제 3학년이 된 아이가 아직 알파벳과 기본 파닉스 규칙을 이해하지 못했다면 방학을 통해 반드시 가정 학습을 하고, 학원을 다니는 경우에도 학교에서 배울 정도의 어휘와 파닉스를 잘 익혔는지 점검한 후에 학교 수업을 시작할 수 있도록 해주시기 바랍니다. 특히 3학년 학기 초 부분은 학교 현장에서 많은 시간을 할애하기 어려운 파트이기 때문에 가정에서 부모님이 좀 더 도와주어야 한다는 점, 꼭 기억해주세요. 참고로 파닉스 학습은 시중에 나와 있는 교재 중 어떤 것을 사용해도 좋습니다. 그리고 파닉스와 사이트 워드 학습을 동시에 진행하면 훨씬 더 도움이 됩니다.

주제별·상황별 영어 표현 본격적으로 익히기

다섯 종의 초등 교과서에 공통적으로 등장하는 주제별 영어 표현이 있습니다. 특정 교과서에만 나오는 것도 있지만 대체로 학년별로 배워야 하는 표현은 거의 비슷합니다. 그래서 초등 시기에 공통적으로 나오는 표현들 위주로 연습하면 큰 도움이 될 것입니다.

또한 이런 표현을 한번 놓치게 되면 다시 체계적으로 배울 수 있는 시기가 없음을 유의하시기 바랍니다. 특히 영어 유치원 출신의 아이는 이미 기본적인 생활 영어 표현이나 어휘에 익숙할 텐데요. 만약 자녀가 영어 유치원을 다니지 않았다면 이런 표현을 미리 연습해놓는 것이 영어 자존감을 기르는 데 도움이 될 수 있습니다. 초등 시기에는 영어 유치원 출신의 친구들이 돋보이기 마련이고 또 교실 안에서 격차가 눈에 보이는데, 그런 차이를 줄여줄 수 있는 가장 큰 지점이 바로 미리 생활 영어 표현이나 어휘에 친숙해지는 일이랍니다.

그렇다면 주제별·상황별 표현 중 자주 나오는 내용에는 어떤 것이 있고, 그 표현들을 어떤 방법으로 배우고 연습시키면 좋은지 알려드릴 테니 가정에서 엄마표로 꼭 해보세요.

주제별 영어 표현 소재 목록

교과서에 나오는 표현은 일상생활과 친숙한 일반적인 화제를 중심으로 하되, 학습자인 아이들이 관심을 가지고 흥미를 느낄 수 있는 소재로 구성돼 있습니다. 또 아이들의 의사소통 능력, 탐구 능력, 문제 해결 능력 및 창의력을 기르는 데 도움이 되는 내용으로 정리합니다.

1. 개인 생활에 관한 내용
2. 가정생활과 의식주에 관한 내용
3. 학교생활과 교우 관계에 관한 내용
4. 사회생활과 대인 관계에 관한 내용
5. 취미, 오락, 여행, 건강, 운동 등 여가 선용에 관한 내용

6. 동식물 또는 계절, 날씨 등 자연 현상에 관한 내용

7. 영어 문화권에서 사용되는 다양한 의사소통 방식에 관한 내용

8. 다양한 문화권에 속한 사람들의 일상생활에 관한 내용

9. 우리 문화와 다른 문화의 언어적·문화적 차이에 관한 내용

10. 우리 문화와 생활양식을 소개하는 데 도움이 되는 내용

11. 공중도덕, 예절, 협력, 배려, 봉사, 책임감 등에 관한 내용

12. 환경 문제, 자원과 에너지 문제, 기후 변화 등 환경 보전에 관한 내용

13. 문학, 예술 등 심미적 심성을 기르고 창의력, 상상력을 확장할 수 있는 내용

14. 인구 문제, 청소년 문제, 고령화, 다문화 사회, 정보 통신 윤리 등 변화하는 사회에 관한 내용

15. 진로 문제, 직업, 노동 등 개인 복지 증진에 관한 내용

16. 민주 시민 생활, 인권, 양성 평등, 글로벌 에티켓 등 시민 의식 및 세계 시민 의식을 고취하는 내용

17. 애국심, 평화, 안보 및 통일에 관한 내용

18. 정치, 경제, 역사, 지리, 수학, 과학, 교통, 정보 통신, 우주, 해양, 탐험 등 일반 교양을 넓히는 데 도움이 되는 내용

19. 인문학, 사회 과학, 자연 과학, 예술 분야의 학문적 소양을 기를 수 있는 내용

• 이름 묻고 답하기

A : What is your name?

B : My name is ○○○.

기본적인 인사말인 "Hello", "Good morning!", "Good bye!" 등의 표현을 익히면서 처음 배우게 되는 대화는 '이름을 묻고 대답하는 것'입니다.

초등 저학년 때 가장 중심이 되어야 하는 활동이 듣기입니다. 많이 들어야 '말하기' 아웃풋이 나옵니다. 그냥 수동적으로 듣기만 하면 아웃풋으로 나오기까지 많은 시간이 걸리지요. 그런 면에서 가장 좋은 활동이 노래나 영상을 들으면서 따라 부르고 말하는 것입니다. 그러기 위해서는 속도가 지나치게 빠르거나 현재 아이 수준보다 너무 높은 단계의 영상을 보여주면 따라 하는 활동이 어려워지겠지요?

그렇다면 인사하고 이름을 묻고 답하는 연습을 쉽게 해줄 수 있는 적절한 영상으로 어떤 것이 있을까요? 다음에 나올 큐알코드의 영상을 참고하여 아이와 함께 따라 부르고, 가사 중에 반복적으로 나오는 표현은 직접 써보는 활동을 함으로써 영어에 익숙해지게 만들 수 있습니다. 그리고 이 단원에서는 자신의 영어 이름이 있거나, 한국어 이름의 철자를 알고 있다면 더 큰 도움이 되니 따라 쓰기를 할 때 이름까지 꼭 넣어 해보세요.

Hello, hello. What's your name?

My name is (　　　　　　　　)

Nice to meet you.

수퍼 심플송(Super simple songs)의 경우는 홈페이지로 들어가면 해당 영상에 연계되는 워크지가 제공됩니다. 필요에 따라 출력하여 이용하시면 도움이 될 것입니다.

• 국적 묻고 답하기

A : Where are you from?

B : I'm from / Korea / Mexico / Canada.

영어를 배우는 목적이 무엇일까요? 글로벌 인재를 육성하기 위함이지요. 그래서 영어 교과를 배우는 동안 세계를 알아가야 합니다. 나와 다른 피부색을 가진 사람들, 다른 언어를 쓰는 사람들을 만나고 그들의 문화를 배워야 합니다.

초등 영어 교과서에는 우리가 마주하게 되는 모두가 한국인이라는 편견을 깨는 내용이 들어 있습니다. 영어 교과에서는 상대방을 처음 만났을 때, 그 사람이 한국인이라는 전제를 깔지 않기 때문에 국적을 물어보는 질문을 하게 합니다. 이 단원에서는 나라 이름을 영어로 부르는 법을 아는 것까지 함께 공부하면 좋습니다. 나아가 국가명과 그 나라의 사람을 부르는 법도 다르다는 사실까지 확장해서 알려주세요. 예를 들면 Canada, Canadian처럼 말입니다.

국가 이름을 재미있게 놀이식으로 학습할 수 있는 방법을 소개해드리겠습니다. 큐알코드의 유튜브 영상을 통해 노래로 익혀보세요. 이후에는 여권과 비행기 티켓을 들고 여행을 가는 콘셉트의 놀이 활동을 하면서 대화를 해보는 연습을 합시다.

국적을 묻고 답하는 단원에서 해보면 좋은 놀이 활동 중 하나

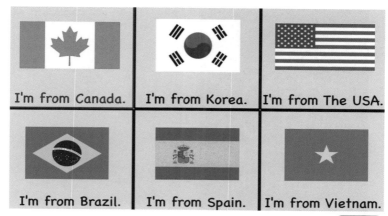

는 '세계 여행 떠나기'입니다. 준비물은 여권, 비행기표, 세계 지
도 등입니다. 이 내용은 보통 3학년 교과서에 주로 등장하는데
요. 3학년의 경우 사회 과목도 막 배우기 시작하는 단계입니다.
아이가 아직 세계 지도를 많이 보지 않았을 가능성이 크므로 이
번 기회에 이런 활동을 해두면 일석이조의 효과를 거둘 수 있습
니다.

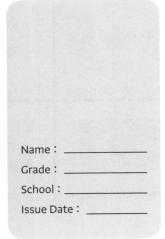

Name : _____

Grade : _____

School : _____

Issue Date : _____

✈ **BOARDING PASS**

WELCOME ABOARD!

PASSENGER   DESTINATION

DEPARTING DATE

CLASS

FLIGHT NO.

12345678

RSVP TO

FREE PRINTABLE AIRPLANE TICKET INVITATION – DREVID.COM

• 날씨, 요일, 계절 묻기

(1) 날씨

A : How was the weather?

B : It's sunny / windy / snowy / cloudy.

플래시 카드를 이용해 날씨를 묻고 답하는 활동을 해봅시다.

기본적으로 초등 교과서에서 다루는 날씨에 관련된 형용사는
앞의 네 가지 정도라고 할 수 있습니다.

날씨를 이야기할 때는 날씨를 나타내는 형용사와 비인칭 주
어 it을 사용한 "It's 날씨 형용사" 형태로 말하는 연습을 합니다.
비인칭 주어라는 용어를 직접적으로 사용하지는 않지만, 이때

아이들에게 알려주면 좋은 팁은 여기서의 it는 '그것'으로 해석하지 않는다는 점입니다. 이 이야기를 꼭 해주면 나중에 이런 표현을 문법책에서 만났을 때 큰 도움이 됩니다.

(2) 요일

A : What are you going to do this Wednesday?

B : I'm going to go shopping this Wednesday.

교과서에는 요일을 직접적으로 묻고 답하는 단원이 나오기보다는 요일별로 어떤 일을 하는지 물어보거나, 학교 축제나 행사 등의 날짜가 언제이고 어느 요일인지 묻는 단원이 주로 나옵니다.

요일을 나타내는 일곱 개의 단어는 영상이나 노래로 먼저 접하게 되더라도 궁극적으로는 철자까지 모두 암기해야 한다는 사실을 꼭 기억해두세요. 영어 유치원을 나온 아이들의 경우는 라이팅 수업을 듣거나 영어 일기를 써보는 등의 훈련을 통해 이미 반복적으로 많이 연습했을 가능성이 높습니다. 하지만 사교육을 받지 않은 아이들의 경우, 노래 정도로만 노출이 되어 있어서 직접 써본 경험이 없을 수 있습니다. 요일의 경우 3학년에서 6학년에 걸쳐 교과서에 골고루, 자주 등장하기 때문에 꼭 철자까지 꼼꼼하게 짚어주시길 바랍니다.

(3) 계절

A : What is your favorite season?

B : My favorite season is winter.

계절을 묻는 단원도 교과서에 단독으로 나온다기보다는 "무슨 계절을 좋아하니? 왜 좋아하니?" 등을 물어보는 단원에서 나올 확률이 높습니다. 그래서 사계절의 이름을 아는 것도 중요하지만 해당 계절의 날씨, 온도 등을 함께 학습하는 것이 좋습니다. 또 우리나라는 사계절이 분명하기 때문에 달 이름까지 함께 공부하면 큰 도움이 됩니다.

3월 March	4월 April	5월 May	6월 June	7월 July	8월 August
Spring (봄)			Summer(여름)		
9월 September	10월 October	11월 November	12월 December	1월 January	2월 February
Fall / Autumn(가을)			Winter (겨울)		

나만의 달력 만들기

앞의 그림 자료처럼 '나만의 달력 만들기'도 초등 시기에 많이 하는 활동 중 하나이니 참고하여 가정에서 만들어보면 좋습니다. 모양이 예쁘지 않아도 괜찮습니다. 꼭 필요한 필수 요소만 들어가 있으면 됩니다.

• 음식 주문하기

A : What would you like to eat?

B : I'd like Bulgogi.

보통 교과서에 나오는 음식 단원의 내용은 좋아하는 음식을 말하거나 음식을 주문하는 것입니다. 좋아하는 음식은 과일, 간식, 식사류 등 범위가 넓지만 음식 주문하기 단원에서는 주로 '조리된 음식'으로 한정되는 편입니다.

또한 이 단원에서는 다른 나라의 전통 음식을 소개함과 동시에 우리나라 고유의 음식을 영어로 표현하는 방식을 배우기도 합니다. 요즘 한류 열풍으로 우리 음식이 해외에 많이 알려져 있습니다. 그럴 때 음식명을 로마자 표기법대로 잘 표기해야 합니다. 예를 들어 떡을 우리말 발음 그대로인 'Tteok'으로 표기하지 않고 'rice cake'라고 표기하는 것은 좋은 예가 아닙니다. 쌀로 만든 케이크 같은 것이라고 부연 설명을 할 때는 rice cake라는 표현을 쓸 수 있지만 전통 음식인 떡을 표기할 때는 발음 그대로 쓰는 것이 맞습니다. 김치(Kimchi), 불고기(Bulgogi), 김밥(Gimbap)의 경우도 마찬가지지요.

참고로 교과서에 로마자 표기를 해야 하는 경우에는 국립국어원과 한국교육과정평가원에서 내려주는 편수 자료를 토대로 편집을 합니다. 따라서 해당 단원은 아이가 교과서 안의 표기법을 익힘과 동시에 다른 나라에 우리 고유의 것을 알려야 할 때 도움을 받을 수 있는 내용이라는 점을 기억해주세요. 그리고 음식을 좋아하고 싫어한다는 표현을 연습하면서 아는 어휘를 늘리는 것도 중요합니다. 교과서에 나오지 않는 음식이라도 평소 본인이 좋아하는 식재료나 과일 등을 찾아보는 활동을 함으로써 지식을 확장해갈 수 있게 해주세요. 이때 포토 카드를 이용해 그림이나 사진을 어휘와 매칭하여 익히게 해주면 좋습니다.

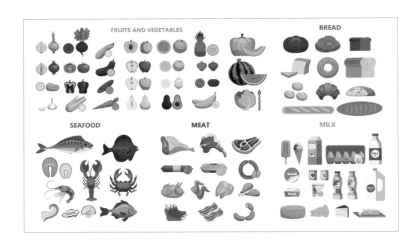

• 외모 묘사하기

- She has brown eyes.

- He has curly hair.

Silly face

아이가 직접 그려보게 해주세요!

blue eyes	brown eyes	green eyes	black eyes
short hair	long hair	straight hair	curly hair

이 단원에서는 머리 길이와 상태, 눈 색깔, 키 등을 묘사하는 표현을 배웁니다. 단, 뚱뚱하고, 마르고, 키가 지나치게 작거나, 큰 상태, 피부색 표현 등은 제외합니다. 교과서 특징상 외모, 인종 등의 비하를 막기 위해서입니다. 그래서 대체로 머리카락 색깔과 모양을 표현하는 형용사를 익히는 것을 목적으로 합니다.

추가적으로 이 단원에서 무언가를 꾸며주는 형태에 대한 설명을 해주면 아이가 나중에 형용사, 명사 등 품사의 정의를 이해하는 데 도움이 됩니다. 아이가 자신의 외모를 직접 묘사해본 뒤 짝꿍, 가족 등으로 범위를 넓혀가며 연습해봅시다. 잡지나 그림책에 나오는 주인공을 묘사하는 것도 좋은 훈련입니다.

● 장래 희망 묻고 답하기

A : What do you want to be?

B : I want to be a doctor.

직업과 진로에 관한 단원은 보통 초등 고학년인 5~6학년 교과서에 나오는 경우가 많습니다. 다양한 종류의 미래 직업군이 있지만 이 단원에서도 마찬가지로 교육과정상 사용 가능한 어휘가 제한적입니다. 그래서 보통 특수 전문직만 주로 다룹니다. 크게 의사, 변호사, 소방관, 선생님, 가수 등입니다.

이를 바탕으로 수행평가로 다양한 활동을 해볼 수 있는데, 다만 교실 내에서는 어휘 제한 문제 때문에 다채롭게 하기 어려우므로 가정에서 영어책이나 영상을 통해 활동을 확장시켜주면 좋겠습니다. 시중에 출간된 전집 중에 『Who?』 세계 인물 시리즈가 있습니다. 이 책에는 다양한 직업군의 다양한 인물들이 등장하는데요. 여기 나오는 주요 인물이나, 직업을 조사해보는 활동을 해도 좋을 것 같습니다.

5~6학년 때는 중학교 입학을 앞두고 아이들이 진로에 대해 많이 생각해보는 시기입니다. 자신이 되고 싶은 모습을 미리 조사해보고, 검색해보고, 영어식 표현까지 익혀두는 시간을 마련한다면 훨씬 풍요로운 영어 학습으로 이어질 수 있습니다.

● 시간 묻고 답하기

A : What time is it?

B : It's 5 o'clock.

초등 시기에 숫자를 읽는 연습을 해야 하는 이유 중 하나가 교과서에 시간 표현 단원이 수록돼 있기 때문입니다. 앞에서 서수와 기수 모두 알아두어야 한다고 말씀드렸지요? 숫자는 알아두는 김에 1부터 100까지는 알고 있는 게 좋아요. 서수는 날짜와 학년을 말해야 할 때 필요하니 함께 익혀두세요. 그리고 시간은 몇 시 정각인지, 또는 몇 시 몇 분인지 두 가지 형태로 답할 줄 알아야 합니다.

- It's five o'clock.
- It's three thirty.

그러기 위해서는 평소 시계를 보고 영어로 시간을 말하는 연

1~10까지 학습할 수 있는 영상	
1~100까지 학습할 수 있는 영상	
서수를 학습할 수 있는 영상	

습을 여러 차례 해야 합니다. 아이가 시간을 쓰거나 시계를 보고 읽는 연습을 쉽게 할 수 있도록 시계 그림이 있는 워크지를 무료로 다운로드받을 수 있는 사이트를 소개합니다. 다음 페이지에 나올 그림 아래 큐알코드를 통해 확인해보세요.

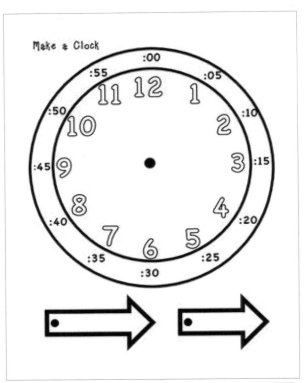

Make a Clock

• 길 찾기

A : Where is the police office?

B : It's next to the hospital.

이 단원에는 관공서의 위치를 묻는 내용이 많습니다. 다른 장소도 나오긴 하지만 위치를 나타내는 전치사와 함께 마을에서 흔히 볼 수 있는 관공서의 명칭을 다룹니다. 3학년 사회 과목을 통해서도 우리가 사는 고장에 대해 배우게 되는데, 따라서 영어 교과에서 길 찾기 단원을 볼 때 사회 교과서와 연동하여 주변 건물이나 상점의 이름을 알아보는 활동을 해보는 것도 도움이 될 것입니다. 참고로 길을 걷다가 몇 번째 골목에서 좌회전 또는 우회전을 하라는 지시가 나오기도 합니다.

⑴ 위치 전치사로 고정된 위치를 파악하는 경우

미리 관공서 또는 집 주변 건물 이름을 알아놓는 것이 중요합니다. 교과서에 주로 나오는 관공서는 한정적이지만 더 많은 공부를 통해 교과서 밖의 어휘를 익혀두면 좋습니다.

위치 전치사 및 전치사구 역시도 초등 교과서에서 사용되는 용어는 한정적입니다. 다음에 나오는 위치 전치사와 전치사구는 읽고, 쓰고, 말할 줄 알아야 합니다. 즉 전치사 또는 전치사구를 이용해 건물의 위치를 설명할 수 있어야 합니다.

관공서 명칭

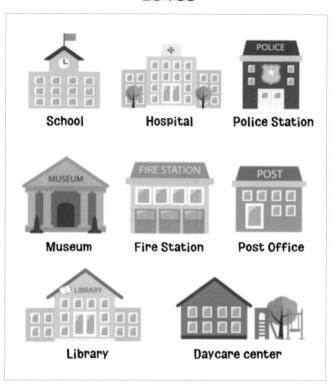

School   Hospital   Police Station

Museum   Fire Station   Post Office

Library   Daycare center

위치 전치사와 전치사구

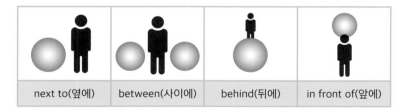

next to(옆에)	between(사이에)	behind(뒤에)	in front of(앞에)

⑵ 구체적인 구동사를 활용해 길을 찾아가는 경우

길을 직접 찾아가는 상황 또는 숨겨둔 보물 지도를 찾아가는 설정 등이 나올 때는 지도가 함께 등장합니다. 지도를 보고 방향을 구분할 줄 알아야 하고, 문자 없이 내용을 듣기만 하고도 길을 찾을 수 있어야 합니다.

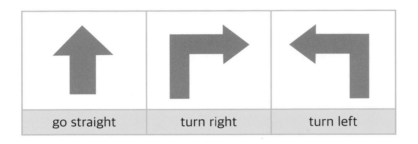

| go straight | turn right | turn left |

• **증상 말하기**

- I have a stomachache.

- I have a fever.

초등학교 교과서에서 다루는 아픈 증상은 몇 가지 안 됩니다. 감기 증상이 대부분이고 이 중에서도 두통, 복통, 발열, 콧물, 기침 정도입니다. 가끔 치과 상황도 나오지만 치통 정도에 그치고 치과의 자세한 상황은 나오지 않는 편입니다. 보통 학교 양호실에서 벌어질 법한 일들이죠. 크게 증상과 이후 대처 방법으로 나누어 학습하게 됩니다.

증상

have a cold	fever	headache	runny nose
감기에 걸리다	열	두통	콧물
cough	stomachache	sneeze	toothache
기침	복통	재채기	치통

대처

get some rest	go see a doctor	go see a dentist
휴식을 취하다	병원에 가다	치과에 가다
drink warm water	take some medicine	go to bed early
따뜻한 물을 마시다	약을 먹다	일찍 취침하다

이 단원은 어휘가 쉽지 않은 편이라 보통 6학년 교과서에 많이 배치되어 있습니다. 이때 교실에서는 병원 놀이 상황극을 많이 합니다. 증상을 표시한 종이를 들고 의사를 찾아가 처방을 받는 역할극입니다. 그때 위에 있는 증상표와 대처표를 잘라 이용합니다. 대표 대화문을 이용해서 역할극을 하며 문장에 익숙해지게 하는 것이죠. 이외의 증상이나 대처에 관한 표현은 추가로 더 찾아서 할 수도 있습니다. 참고로 최근에는 코로나 상황이라 프로젝트 수업이 적었지만 앞으로 재개될 예정입니다.

- 환경 이야기

- We should turn off the light.

- We should save water.

지구, 환경 보호에 관한 이슈는 계속되고 있습니다. 지구를 보호하기 위해 일반적으로 하는 행동 중 교과서에 주로 나오는 표현들은 다음과 같습니다. 함께 쓰이는 언어 형식으로는 청유 문인 "Let's~" 구문이나 조동사 should, must를 활용한 의무를 나타내는 표현이 있습니다.

We should turn off the light.
We should save water.
We should save energy.
We should recycle cans and bottles.
Let's take a short shower.
Let's turn off the water.
Don't use the elevators.

가정에서 실천할 수 있는 절약 이야기를 나눠보며 위에 제시된 목록 이외에도 찾아서 영어로 써보고 집 안 곳곳에 붙여놓으

면 그 정도로도 초등 시기에는 충분합니다. should나 must 등의 조동사를 이용한 문장, Let's를 이용한 청유형 문장, Don't를 이용한 부정 명령문 또는 일반 명령문을 활용한 문장을 써내려가다 보면 꽤 많은 문장을 만들 수 있습니다.

TIP

또 하나 집에서 할 수 있는 것 중 하나가 바로 재활용(recycle)입니다. 요즘 갈수록 환경 문제가 심각해지고 있지요. 집집마다 거의 하나씩 있는 재활용통 앞에 영어로 분류표를 써보는 것도 좋은 활동 중 하나입니다.

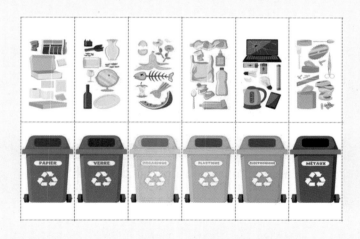

의외로 교과서에서
다루지 않는 주제

이렇듯 초등 시기에 다양한 종류의 소재로 어휘를 다루지만 의외로 깊게 다루지 않는 카테고리가 있습니다. 색깔 학습은 많이 하는 데 비해 상대적으로 '모양'에 대한 언급은 적습니다.

사실 초등 교육과정에서 사각형, 오각형, 육각형 그리고 입체 도형까지 배우는데도 정작 영어로는 배울 기회가 적습니다. 대화체로 풀어내기 어려운 소재이기 때문에 잘 나오지 않습니다. 하지만 교과서에서 누락된 어휘 때문에 나중의 영어 학습 전반에 구멍이 생길 수도 있습니다. 이처럼 초등 시기에 학습해야 하는데, 교과서에서 잘 사용되지 않아서 제대로 배우지 못한 부분을 여기서 짚고 넘어갈까 합니다.

동식물

동식물 주제는 너무나 기본인 것 같은데 안 나온다고요? 네, 상당히 부족합니다. 동물에 대해서 직접적으로 물어보는 단원이 따로 있는 경우 자체가 드뭅니다. 대신 장소의 배경이 동물원이거나 박물관이라서 가끔 나오는 경우는 있습니다만 그때 나오는 동물의 명칭으로는 충분하지 않습니다. 주로 유아 때 노래로 들어본 lion, tiger, rabbit, elephant 정도만 반복되는 경향이 있습니다. 유아기에 알게 된 동물 어휘에, 초등 6년 동안 배우는 목록도 조금 더 추가해야 하지 않을까요? 동물의 이름을 배울 때는 바다 생물과 육지 생물을 나누어 학습해보는 것도 추천합니다.

그런가 하면 곤충 이름이 한 번도 등장하지 않은 채로 초등 교육과정이 끝나는 교과서가 대부분입니다. 식물도 마찬가지입니다. 식물의 이름을 어디까지 학습해야 할지 조금 어색하게 느껴질 수 있는데요. 기본적으로 자주 마주하는 꽃이나 나무 이름 정도는 영어로 알아두면 큰 도움이 됩니다. 많은 부모님이 아이가 어릴 때 영어로 일기 쓰는 것을 시키고 싶어 하는데, 바로 그 영어 일기를 쓰기 어려운 이유가 바로 이런 부분 때문입니다. 주변에서 자주 접하는 사물이나 동식물의 이름을 영어로 표현할 줄 모르기 때문이지요.

평소 이런 기초적인 것은 학교에서 배우지 않을까 하고 생각했다면 이번 기회에 그 오해를 풀어보세요. 이 부분은 분명히 가정 혹은 다른 곳에서 채워야 한다는 사실을 알고 계시면 좋겠습니다.

- 동물

Lingo Kids라는 사이트입니다. 이 사이트에 들어가면 아래의 분류대로 동물이 세분화되어 있습니다. 우리처럼 '동물'이라는 하나의 큰 카테고리만 있는 것이 아니라 세세하게 나뉘어 있으니 큰 도움을 받을 수 있습니다.

- Farm Animals(농장에 사는 동물)

- Forest Animals(숲 속에 사는 동물)

- Jungle Animals(정글에 사는 동물)

- Aquatic Animals(바다에 사는 동물)

- Desert Animals(사막에 사는 동물)

- Savannah Animals(초원에 사는 동물)

- 곤충

DK라는 출판사에서 운영하는 웹사이트로 곤충의 이름과 각 부위의 역할, 명칭 등이 영어로 정리돼 있습니다. 곤충의 이름은 동물과 달리 아주 세세하게 많은 가지 수를 모두 알아야 하는 것은 아니기 때문에 대표적인 곤충 이름과 함께 곤충의 한살이, 부위의 명칭, 역할 등을 한번씩 살펴보기 좋은 사이트입니다.

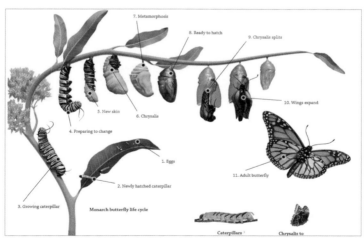

- 식물

식물은 나무, 꽃, 채소 이름을 각각 나누어 알아두면 좋습니다. 식물의 경우 각 나라마다 자주 접할 수 있는 종류가 무척 다릅니다. 그러므로 우리나라의 봄, 여름, 가을, 겨울에 볼 수 있는 나무와 꽃, 채소 중 평소 궁금했던 것들의 목록을 적어봅시다. 그리고 네이버 한영사전으로 영어 표현을 찾아 아이와 함께 채워보세요. 그렇게 자신만의 리스트를 만들어놓으면 그것이 본인만의 한영사전이 되고, 그 사전을 기반으로 영어 글쓰기를 시작할 수 있습니다. 내친김에 당장 열 개만 떠올려보세요.

	한글	영문
1	ex) 나팔꽃	morning glory
2		
3		
4		
5		
6		
7		
8		
9		
10		

같은 맥락으로 교과서에서 동식물 부분에 대해 자세히 기술

하지 못하다 보니 동물이나 식물의 한살이 부분도 빠져 있고, 육식 동물, 초식 동물에 대한 이야기도 없습니다. 생물 분야에 해당하는 과학 이야기가 영어 교과서에서 빠진 것이죠. 이렇듯 초등 과학 교과에서는 언급되지만 영어로 학습할 기회가 없는 부분들이 앞으로 개선되었으면 합니다. 학문 간 경계가 무너지고 더욱 다양한 소재의 어휘를 교과서에서 보여준다면 아이들의 영어 학습에 큰 도움이 될 것이라는 생각이 듭니다. 제공되는 어휘의 범위와 개수가 한정적이다 보니 이런 문제들이 생기는 것인데, 앞으로 차차 나아지리라 기대해봅니다.

우주

우주 영역도 영어 교과서에서 앞으로 다루어주었으면 하는 소재입니다. 참고로 이는 고등학교 단계에서도 깊이 있게 다루기 어려운 영역입니다. 태양계의 여덟 개 행성이라든가 우주인, 우주선 등에 대한 영어 표현에 익숙해지면 아이의 사고 확장에 도움이 될 것이라고 생각합니다. 특히 우주는 앞으로 우리가 더 관심을 갖고 탐구해야 할 분야이기 때문에 교과서에서부터 미리 만나볼 수 있다면 더욱 좋을 것 같습니다.

안타깝게도 현재 교육과정에서는 거의 드러나 있지 않으므로 우주에 관심이 많은 학생은 추가로 독서나 어휘 학습을 통해 지식을 보충해주어야 합니다.

　　태양, 달, 수성, 금성, 지구, 화성, 목성, 토성, 천왕성, 해왕성의 이름을 영어로 학습하고 이미지와 연결하는 것이 필요합니다. 앞서 말씀드렸다시피 이는 교육과정에 없는 내용으로, 이런 부분들은 필수라기보다는 하면 조금 더 나은 것일 뿐입니다. 이

부분이 누락됐다고 해서 지나치게 걱정할 필요는 없어요. 가끔 교과서에서 신화에 대한 내용을 다루거나 별자리 이야기 등의 소재가 나오는 경우에 행성 이름이 영어로 등장하는데, 그럴 때 헷갈리지 않을 정도로만 도와주세요. 행성의 이름도 대문자로 쓴다는 규칙도 더불어 알려주시면 좋습니다.

TIP

네이버 TV [꼬미꼬미 낱말카드 단어 학습] 채널에 초등학생들이 기본적으로 익혀야 할 낱말을 영상 형식으로 모아 놓은 영상이 있습니다. 숫자, 색상, 날짜, 가족, 성별, 직업, 음식, 학교 시설, 감각, 도시, 동물, 세계 여러 나라 등의 어휘 목록이 잘 정리되어 있으니 적극 활용해보세요.

중학교를 준비하는 초등 5~6학년 영어 공부법

초등 5~6학년 때부터는 제대로 된 학습의 영역으로 넘어가게 됩니다. 영어만이 아니라 다른 과목에서도 난도가 높아지는 시기가 바로 이때입니다. 이 시기부터 아이는 추상적 개념에 대한 인지가 가능하고, 비판적 사고 능력이 생기기 시작합니다. 이러한 인지적 변화가 본격적인 학습을 받아들일 준비가 되었음을 의미하죠.

그래서 이 시기에는 영어도 흩어져 있던 문법적 규칙을 한 조각씩 퍼즐 맞추듯이 맞춰가야 합니다. 앞서 설명했듯 초등 교과서 내에도 문법 내용이 포함되어 있기에, 초등학생 때 알고 있어야 하는 문법 규칙이 존재합니다. 기초적인 부분을 이해해야 중학교에 올라갔을 때 혼란이 생기지 않습니다. 아이가 중학생이 되어서 영어 성적이 잘 나오지 않는 이유는 어릴 때 영어 유치원에 다니지 않아서라거나, 대형 학원에 들어가지 못했기 때문이 아닙니다. 초등 교과서에 나와 있는 문법 내용을 모두 숙지하지 못했기 때문입니다. "교과서에 나와 있는 문법 요소를 어떻게 확인하나요?"라고 물으시면 제 대답은 하나입니다. '본문 분석'을 하면 됩니다. 그 후에 기초 수준의 초등 문법 교재 한두 권을 풀고 나면 큰 그림을 그릴 수 있습니다.

기본 시제

영어에는 '12시제'라고 불리는 시제가 있습니다. 영어를 잘하기 위해서는 열두 개의 시제를 이해해야 합니다. 하지만 초등 시기에 반드시 알아야 할 시제는 단순 시제인 과거, 현재, 미래 이렇게 세 개의 시제와 함께 현재진행형, 과거진행형까지 포함하여 총 다섯 개로, 이 부분만 이해하면 됩니다.

단순 시제	진행 시제
과거	과거진행
현재	현재진행
미래	

시제가 순서대로 체계적으로 교과서에 등장하는 시기는 중학생 때입니다. 초등 단계에서 인지하면 되는 수준은 일단 단순 시제를 기준으로 한다면 매일 하고 있는 일, 지금 하고 있는 일, 오늘 한 일 정도로 보통 현재시제로 표현됩니다. 과거는 어제, 일주일 전, 한달 전, 작년, 작년 여름 방학 등으로 묘사되며, 이미 지나간 일을 설명할 때 이 시제가 쓰인다고 알려주면 됩니다. 그리고 미래 시제는 내일, 이번 겨울 방학, 다가올 할머니 생신 등 앞으로 일어날 이벤트에 대한 계획이나 기대를 표현할 때 사용합니다. 초등 시기에는 will과 be going to의 차이를 구분하지 않고 미래에 대한 표현이라고 가르칩니다. 그리고 진행시제의 경우, 현재진행은 대부분의 교과서에서 다루지만 과거진행시제는 때에 따라 언급이 되기도 하나 필수적으로 등장하지는 않습니다. 현재진행은 "What are you doing?"이라는 질문에 대한 답을 하는 내용이 담긴 단원에 나옵니다. 현재 계속 진행되는 일을 설명할 때는 단순 현재시제와 구분한다는 개념을 넣어주는 것입니다.

그러므로 초등 시기에 완료시제까지 모두 이해할 필요도 없을뿐더러, 문법 교재에 완료시제가 나오더라도 처음 문법을 접하는 아이의 경우 일단 풀지 않고 넘겼다가 나중에 공부할 수 있도록 해주는 것도 방법입니다. 초등 문법 교재의 모든 단원을 무작정 꼼꼼하게 다 봐야 할 필요는 없습니다. 특히 완료시제는 우리말에 없는 시제라 아이들이 어려워하는 부분입니다.

8품사

영어에는 8품사가 있습니다. 이 품사는 초등이든 중등이든 간에 교과서에서 명시적으로 드러나지는 않습니다. 문법 규칙 이라기보다 어휘의 분류에 더 가깝기 때문입니다. 하지만 이를 잘 알아야 관사, 동사의 불규칙성, 문장의 5형식 등에 대한 개념 을 정리할 수 있습니다. 꼭 알아야 하는 8품사에 대한 정의는 다 음과 같습니다.

품사	정의	예시
명사	사물이나 사람의 이름을 나타내는 말	dog, chair, water, candy, Seoul, Mike
대명사	명사를 대신하여 쓰는 말	I, you, he, she, they, we, this, that, it
동사	동작이나 상태를 나타내는 말로 서술어 기능을 하는 품사(~다로 끝나는 말)	go, swim, talk, move, dance, jump, am, are, is
형용사	명사를 꾸며주는 말 (~ㄴ, ~한으로 끝나는 말)	happy, pretty, big, small, sweet, tall, hungry
부사	형용사, 부사, 동사 또는 문장 전체를 꾸며주는 말(~게, 하게로 끝나는 말)	very, happily, slowly, softly, late, hard
전치사	명사나 대명사 앞에 놓여 다른 명사, 대명사와의 관계를 나타내는 말	in, on, at, for, of, under, behind, with
접속사	단어와 단어, 절과 절, 문장과 문장을 연결해주는 말	and, but, so, because
감탄사	놀람, 슬픔, 기쁨 등 감정을 나타내는 말	oh, wow, oops, ouch

명사의 단수와 복수

8품사를 알면 그중 하나인 명사의 성질을 이해하게 됩니다. 또한 명사에 여러 가지 종류가 더 있다는 것을 배우게 됩니다. 영어에서 명사는 '셀 수 있는 명사'와 '셀 수 없는 명사'로 나뉩니다. 우리말에 없는 개념이기 때문에 이 부분을 아이들이 어렵게 느끼고, 문법을 모를 때 가장 흔하게 질문하는 것도 바로 명사의 '단·복수' 문제입니다. 주로 "이 문장에서는 'apple'인데 왜 여기서는 'apples'예요?" 하며 궁금해합니다(아직 관사에 대한 인식이 없어서 'an apple'이라고 묻는 단계는 아닙니다).

이렇듯 자녀가 어떤 곳에서는 cat이라고 쓰면서 왜 어떤 곳에서는 cats라고 쓰는지 묻기 시작한다면 이때가 문법의 규칙을 조금씩 알려줘야 하는 시점이라고 생각하시면 됩니다. 문법 규칙은 영어책을 다독하다 보면 저절로 익히게 되기도 하지만 영어 경험치가 많지 않고, 공교육으로만 영어를 접한 친구들은 인풋 양이 상대적으로 적기 때문에 문법을 깨우칠 때까지 책을 읽으라고 할 수는 없는 노릇입니다. 그렇기 때문에 간단한 규칙을 알려주어야 합니다.

우리말에는 없는 개념이지만 영어는 셀 수 있는 명사와 셀 수 없는 명사를 구분해서 쓰는데, 셀 수 있는 명사는 그 개수가 하나일 때 앞에 관사 'a'나 'an'을 쓴다고 설명해주면 됩니다. 그리고 그 수가 두 개 이상일 때는 단어 끝에 '-s'나 '-es'를 붙인다는 규칙이 있음을 알려주세요. 물론 고학년이라면 그중에서 어떨 때 '-s'를 붙이고 '-es'를 붙이는지, 불규칙으로 변화하는 명사는 어떤 것이 있는지 등을 모두 암기해야 합니다. 하지만 저학년이라면 일정한 규칙이 있다는 것까지만 설명해주면 됩니다. 이때 물질 명사에 대한 개념까지 짚어주면 좋습니다. water, air, bread 등 셀 수 없는 명사는 앞에 관사도 붙지 않고, 복수형도 쓰지 않는다는 사실도 함께 알려주세요.

평서문, 부정문, 의문문

품사에 대한 설명이 끝났다면 이제 문장의 구조에 대해 익힐 차례입니다. 명사나 대명사가 주어 자리에 오고 행동이나 상태를 나타내는 동사가 뒤에 오는 [주어 + 동사]의 형태가 영어 문장의 기본 구조입니다. 우리말에서는 어미를 바꾸는 방식으로 평서문, 부정문, 의문문을 구분하지만 영어는 위치를 바꿔 문장의 형태를 바꿉니다. 예를 들면 다음과 같습니다.

부정문은 동사 뒤에 'not'을 붙임으로써 부정의 의미를 나타내고, 의문문은 주어와 동사의 위치를 바꾸어 질문의 의미를 드

	우리말	영어
평서문	나는 학생이다.	I am a student.
부정문	나는 학생이 아니다.	I am not a student.
의문문	나는 학생인가?	Am I a student?

러냅니다. 이때 일반동사와 be 동사를 구분하는 연습을 하게 되는데, 일반동사일 때는 조동사 do를 사용하여 부정문과 의문문으로 바꿀 수 있습니다. be 동사와 일반동사의 구분은 아이들이 가장 어려워하는 부분이기도 하니 반복적으로 설명해줄 필요가 있습니다.

동사의 종류 및 시제(규칙, 불규칙) & 불규칙 동사표

문장의 구조를 설명하기 위해서는 동사의 종류와 시제를 언급하지 않을 수 없습니다. 동사의 종류는 상태를 나타내는 be 동사와 be 동사를 제외한 일반동사로 나뉩니다. 좀 더 구체적으로는 문장의 형식에 따라 1~5형식 동사로 세분화할 수 있습니다. 하지만 이는 조금 더 문법에 익숙해지고, 어휘 학습량이 늘어나는 시점에 구분하는 것이 효과적이므로 아이가 중학교 입학을 앞뒀거나 중학교를 다닐 때 알려주셔도 됩니다. 초등 시기에는 be 동사와 그 외 동사인 일반동사를 구분할 줄 아는 것으로 충분합니다.

be동사	상태를 나타냄.
	am, are, is 세 가지 형태가 있음.
	과거형은 am/is → was, are → were
	부정문은 be동사 뒤에 not을 붙임.
	의문문으로 바꿀 때는 주어와 위치를 바꿈.

일반동사	동작을 나타냄.
	be 동사를 제외한 나머지 동사를 말함.
	과거형은 -ed를 붙이는 것이 규칙임.
	부정문은 일반동사 앞에 do not(don't)을 붙임.
	의문문으로 바꿀 때는 주어 앞에 Do를 붙임.

동사에 대한 구분을 설명할 때 빼먹으면 안 되는 것이 시제와 인칭입니다. 일반동사를 설명할 때 반드시 함께 알려줘야 하는 두 가지가 3인칭 단수일 때 형태가 바뀌는 것 그리고 과거형일 때 규칙과 불규칙으로 각각 바뀌는 것입니다.

주어가 she, he, it처럼 3인칭 단수일 때는 동사에 -s나 -es를 붙인다는 규칙이, 또 과거형일 때는 -ed를 붙인다는 규칙이 있음을 이때 알려주면 됩니다. 이 부분은 고학년의 경우 여러 예외 사항이나 과거형의 불규칙 변화 등을 암기해야 하는 문법 파트에 해당됩니다. 아이가 조금 힘들어 하더라도 이는 암기의 영역으로 보고, 반복적으로 불규칙 변화 동사를 외울 수 있도록 도와주세요. 다음에 나올 표의 내용을 암기해놓으면 어휘 확장은 물론이고, 영작을 할 때도 여러모로 도움이 됩니다. 참고로 완료시제는 아직 배우지 않았지만 앞으로 배울 것이라고 이야기를 해주세요. 동사의 3단 변화를 외우는 김에 예외적으로 분사 형태까지 암기하는 것이 효율적이고, 나중에 덜 잊어버리게 됩니다.

불규칙 동사표

A - B - C 형

	원형	과거형	과거 분사형
1	be (am, is)	was	been
2	be (are)	were	been
3	bear (낳다)	bore	born
4	begin (시작하다)	began	begun
5	bite (물다)	bit	bitten
6	blow (불다)	blew	blown
7	break (깨다)	broke	broken
8	choose (고르다)	chose	chosen
9	do (하다)	did	done
10	draw (그리다)	drew	drawn
11	drink (마시다)	drank	drunk
12	drive (운전하다)	drove	driven
13	eat (먹다)	ate	eaten
14	fall (떨어지다)	fell	fallen
15	fly (날다)	flew	flown
16	forget (잊다)	forgot	forgotten
17	freeze (얼리다)	froze	frozen
18	give (주다)	gave	given
19	go (가다)	went	gone
20	grow (자라다)	grew	grown
21	hide (숨다)	hid	hidden
22	know (알다)	knew	known
23	lie (눕다)	lay	lain
24	ride (타다)	rode	ridden
25	ring (종이울리다)	rang	rung

	원형	과거형	과거 분사형
26	rise (떠오르다)	rose	risen
27	see (보다)	saw	seen
28	shake (흔들다)	shook	shaken
29	show (보여주다)	showed	shown
30	sing (노래하다)	sang	sung
31	speak (말하다)	spoke	spoken
32	swim (수영하다)	swam	swum
33	take (얻다)	took	taken
34	tear (찢다)	tore	torn
35	throw (던지다)	threw	thrown
36	wear (입다)	wore	worn
37	write (쓰다)	wrote	written

A - B - B 형

	원형	과거형	과거 분사형
38	bring (가져오다)	brought	brought
39	build (세우다)	built	built
40	buy (사다)	bought	bought
41	catch (잡다)	caught	caught
42	dig (파다)	dug	dug
43	feed (먹이를 주다)	fed	fed
44	feel (느끼다)	felt	felt
45	fight (싸우다)	fought	fought
46	find (찾다)	found	found
47	get (얻다)	got	got (gotten)
48	hang (매달다)	hung	hung
49	have (가지다)	had	had
50	hear (듣다)	heard	heard

51	hold (잡다)	held	held
52	keep (지키다)	kept	kept
53	lead (이끌다)	led	led
54	leave (떠나다)	left	left
55	lend (빌리다)	lent	lent
56	lose (잃다)	lost	lost
57	make (만들다)	made	made
58	mean (의미하다)	meant	meant
59	meet (만나다)	met	met
60	pay (지불하다)	paid	paid
61	say (말하다)	said	said
62	sell (팔다)	sold	sold
63	send (보내다)	sent	sent
64	sit (앉다)	sat	sat
65	sleep (자다)	slept	slept
66	spend (돈 등을 쓰다)	spent	spent
67	stand (서다)	stood	stood
68	strike (때리다)	struck	struck
69	teach (가르치다)	taught	taught
70	tell (말하다)	told	told
71	think (생각하다)	thought	thought
72	understand (이해하다)	understood	understood
73	win (이기다)	won	won
74	wind (감다)	wound	wound

A - B - A 형

	원형	과거형	과거 분사형
75	become (~이 되다)	became	become
76	come (오다)	came	come
77	run (달리다)	ran	run

A - A - A 형

	원형	과거형	과거 분사형
78	cost (돈이 들다)	cost	cost
79	cut (자르다)	cut	cut
80	hit (치다)	hit	hit
81	hurt (다치다)	hurt	hurt
82	let (시키다)	let	let
83	put (놓다)	put	put
84	read[ri:d] (읽다)	read[red]	read[red]
85	set (설치하다)	set	set
86	shut (닫다)	shut	shut

조동사

초등 교과서에 조동사 개념이 처음으로 등장합니다. 모든 종류의 조동사가 전부 언급되는 것은 아니지만 기본적으로 알아야 할 것들이 등장합니다. can, do, should, must, will, would 정도입니다.

초등 시기에 접하게 되는 조동사는 특정 성질을 알아보기보다는 '의문문을 만들기 위한 수단'으로 쓰이는 경우가 대부분입니다. 하지만 환경을 다루는 단원에서 should, must 등은 '~을 해야 한다'라는 의무의 의미로 등장한다는 정도는 인지해야 합니다.

문법 교재에서 조동사를 접했을 때는 의미의 차이를 구분하는 것도 중요하지만, 조동사의 위치와 조동사 뒤에 오는 동사의 형태가 '원형'이라는 점을 꼭 기억하게 해주세요. 초등 수준에서는 이 정도의 내용만 파악하고 있다면 문제가 없습니다. 이 파트는 학년이 높아질수록 내용이 까다로워지지만 초등 단계에서는 조동사라는 명칭과 어떤 어휘가 있다는 정도만 알아두면 됩니다. 앞에서 말했듯 주로 의문문이나 부정문을 만들기 위해 동사를 도와주는 역할 정도로 쓰인다고 이해하면 충분합니다.

비교급

비교급은 초등 권장 표현이기 때문에 꽤 많은 교과서에서 다룹니다. 그래서 초등 문법 교재에도 많이 나오는 편입니다. 비교급은 비교하는 표현으로, 어떤 두 개의 대상이 함께 등장합니다. 두 개 이상의 대상이 있을 경우에는 비교급보다는 최상급을 사용하는데, 초등 단계에서는 비교급까지만 다룹니다.

비교급을 이해하기 위해서는 먼저 품사를 알아야 합니다. 이때 다시 품사를 이해시키기는 어렵기 때문에 제가 앞에서 미리

8품사에 대한 설명을 한 것입니다. 이 단계는 아이가 8품사에 대해 이미 알고 있다고 가정하고, 8품사 중 '형용사'에 해당하는 단어가 비교급에 사용된다고 설명해주면 됩니다. 비교급을 만들 때는 일정한 패턴이 있는데, 이를 익히는 것이 가장 중요하며 몇 가지 예외 사항만 기억하면 비교급 파트는 끝납니다. 기본적으로 형용사에 '-er'을 붙이면 '더'라는 표현이 되면서 비교급의 형태를 갖추게 됩니다. 하지만 불규칙하게 바뀌는 몇 가지가 있습니다. 이것들만 따로 기억해두면 됩니다.

비교급 불규칙 변화

good	better	더 좋은
well		
bad	worse	더 나쁜
ill		
many	more	더
much		
little	less	덜

의문사

육하원칙에 따른 의문사 여섯 가지는 반드시 기억해야 합니다. 초등 교과서의 문장 속에 아주 빈번하게 등장하기 때문이죠. 하지만 이 의문사를 따로 모아서 가르쳐주는 단원이나 문법 교재는 잘 없기 때문에 아이가 종종 혼동하는 경우가 있습니다. 혹은 의문사에 대한 뜻을 헷갈려 하기도 합니다. 공부를 했던 아이들이라도 의문사는 한 번쯤 짚고 넘어갈 필요는 있습니다. 영어에서는 이를 두고 '5W1H'라고 부릅니다.

5W	Who	누가
	When	언제
	Where	어디서
	What	무엇을
	Why	왜
1H	How	어떻게

초등 때 하지 않아도 되는 문법

제가 반복적으로 말씀드리는 것 중 하나는 초등 시기에 해야 할 것을 꼼꼼하게 챙겨주는 일과 안 해도 될 과잉 학습을 구분하는 일입니다. 지나치게 많은 학습의 양을 꾸역꾸역 넣기만 하다 보면 결국 어느 하나도 제대로 얻지 못하는 경우가 많습니다. 학원에 오래 다니고 영어를 잘한다는 친구들도 가끔 쉽고 기초적인 단어를 모르거나 스펠링을 틀리곤 합니다. 그 친구들이 영어를 못한다는 뜻은 아니지만 기초를 제대로 다져야 한다는 학습의 기본 목적을 놓치고 있을 가능성이 높습니다. 또 본인이 어떤 유명한 문법 교재 혹은 학원에서 특정 반에 소속돼 있다는 것만 내세우는 경우도 있습니다. 이는 결국 허상일 가능성이 높습니다.

현재완료, to부정사, 수동태 같은 문법 개념은 사실 초등 아이들이 이해하기는 어렵습니다. 교과서에 등장하지도 않을 뿐더러 초등 수준 또는 중1 수준의 텍스트에는 자주 등장하지도 않거든요. 그런데 학원에서는 이를 설명해주고 암기하도록 시킵니다. 그렇게 아이들은 to부정사의 여러 가지 용법이나 수동태와 능동태를 바꾸는 법 등을 기계적으로 익히게 되죠. 문제는 아이들에게 이 문법의 내용을 설명해보라거나 백지에 써보라고 하면 하지 못할 가능성이 높습니다.

백지 테스트는 수학 교과에서만 존재하는 것이 아닙니다. 수학에서만 개념이 중요한 것도 아닙니다. 영어도 문법만큼은 개념 지도가 필요한데 많은 부모님이 이 부분을 간과합니다. 물론 수학처럼 모두 수식화되거나 규칙이 존재하는 것은 아니지만 영어도 대략적인 개념과 규칙을 설명할 줄 알아야 하고, 예외 사항까지 정리할 줄 알아야 합니다. 그래야 그 단원의 문법 개념을 마스터했다고 할 수 있습니다.

중등 이후에 나오는 완료시제, to부정사, 수동태, 가정법 등은 초등 때 미리 개념을 이해했다고 해도 실제로 문장을 많이 보지 않으면 본인 것이 되지 않습니다. 그러므로 진도를 빨리 나가기보다는 현재 수준에 필요한 문법을 '정말 제대로 알고 있는지' 확인해보는 것이 더 중요합니다. 다음 페이지에 나오는 예시

*문법 내용 : 비교급

기본 개념
비교할 때 쓰는 말
'더 ~한'으로 해석한다.
비교 대상은 than 뒤에 써준다.
예- I am taller than you.

규칙
- 형용사에 -er을 붙인다.
  tall → taller

- y로 끝나는 경우 y를 i로 고치고 er을 붙인다.
  heavy → heavier

- 단모음 + 단자음일 때는 자음을 한 번 더 쓰고 er을 붙인다.
  big → bigger

예외 : better, worse, more, less 등

백지 노트 테스트 예시

처럼 백지 노트를 써보는 훈련을 통해 초등에서 알아야 할 기본 문법 사항을 꼼꼼하게 짚고 넘어갑시다.

독해 공부법

어휘가 잡히고 문법의 기초가 다져지면 독해는 저절로 된다고 해도 과언이 아닙니다. 외국어를 이해하지 못하는 이유의 대

부분은 어휘를 잘 모르기 때문입니다. 어휘가 어느 정도 채워지면 글의 내용은 대강 짐작할 수 있습니다. 게다가 초등 수준의 글은 항상 그림이나 사진이 함께 제공되기 때문에 많은 내용을 짐작해볼 수 있습니다. 그러나 이렇게 내용을 짐작해서 대강의 흐름이나 뉘앙스를 파악하는 것은 '이해를 했다'고 하지 '독해를 했다'고 표현하지 않습니다. 기초 문법 지식을 동원해서 내용을 정확하게 이해하고, 세부 사항을 물었을 때 곧바로 답을 할 수 있는 수준이 되어야 독해를 한 것이라고 말할 수 있습니다.

교과서 안에도 독해의 영역이 존재합니다. 3학년과 4학년 교과서에는 나오지 않지만 5학년부터는 본문이라고 부르는 리딩 파트가 등장하는데요. 이때부터 아이는 단락으로 이루어진 글을 접하게 됩니다. 교과서에 문단이 등장한다는 의미는 더 이상 개별 문장이나 짧은 대화로 분위기를 파악하는 데서 그치지 않고, 해석이라는 과정을 거치면서 독해를 해야 하는 시기가 온 것이라고 생각하면 됩니다. 그때 아이가 앞에서 살펴본 기초 문법을 이해하고 있으면 독해하는 데 아주 큰 도움이 됩니다. 주어와 동사의 위치를 파악하고, 우리말과 다른 구조를 이해하면서 문장을 보다 정확하게 읽어내려 갈 수 있습니다.

그리고 교과서에는 앞에서 읽은 문단의 내용을 확인하는 부분인 애프터 유 리드(After You Read) 또는 체크 업(Check Up) 파트가 있습니다. 교과서는 당연히 쉽게 구성되어 있기 때문에 이 정도 수준은 무난하게 해결할 수 있을 것이라고 생각합니다. 하지만 다 그렇지는 않습니다. 따라서 중학생 중에서도 기초가 부족한 친구들이나 초등 3, 4학년 중에 조금 선행을 해보고 싶어하는 친구들에게는 초등 5, 6학년 교과서가 좋은 교재가 될 수 있습니다.

그러므로 독해 문제집부터 무작정 많이 풀기보다는 교과서 문장을 꼼꼼하게 해석해보는 과정을 거친 후에 문제집을 시작하는 것을 추천합니다. 영어는 학년 구분이 생각보다 없기 때문에 높은 학년의 교과서를 본다는 사실만으로 아이의 자존감까지 높여줄 수 있습니다. 선행 학습을 하라는 뜻은 아니고, 아이에게 어려운 문제집을 풀게 하는 것보다 여러 가지 형태의 문장

반드시 문제집의 맨 앞표지 또는 내지에 있는 QR코드를 확인하여 읽은 내용의 발음을 꼭 들어보아야 합니다. 예전과 달리 아이들이 발음 기호를 배우지 않기 때문에 의외로 쉬운 단어의 발음도 잘 모르는 경우가 많습니다. 독해책을 통해서 듣기 연습과 따라 말하는 연습을 훈련시켜주시기 바랍니다. 이는 선택이 아니라 필수입니다.

독해 문제집 어휘 파트를 정리할 것

을 많이 보여주는 것이 더 효과적이라는 말씀을 드리는 것입니다. 만약 독해 문제집을 풀기 시작했다면 아래와 같은 방식으로 안내해주면 좋습니다.

교재 속 문제를 풀고 나면 책을 버리지 마시고 단원 맨 처음에 제공되는 어휘 목록을 정리하는 시간을 가지며 어휘를 반복 학습하게 해주세요. 영어 노트를 준비해 그림과 글자를 함께 잘라 붙이고 예문을 써보는 방식으로 반복하면 배운 어휘를 쉽게 잊어버리지 않고 오래도록 기억할 수 있습니다.

그리고 여유가 된다면 추가 자료를 찾아보는 것을 추천합니다. 독해 문제집을 만드는 출판사는 대부분 학부모 또는 교사를 위한 추가 워크지를 제공합니다. 여기서 무료로 나눠주는 어휘 테스트, 리뷰 테스트 및 독해 연습 자료를 활용하면 보다 꼼꼼하게 문제집 한 권을 마스터하는 느낌이 들 겁니다. 그냥 풀고 버리는 방식이 아니라 조금 더 똑똑하게 문제집을 활용한다면 아이의 실력이 금방 향상될 것입니다.

만약 혼자 하기 어려워한다면 인터넷 강의를 이용해도 좋습니다. 앞에 나온 문제집 《Link》 시리즈의 온라인 강의는 혼공마켓 사이트(hongong.co.kr)에서 유일하게 볼 수 있습니다. 유튜브 채널 〈혼공TV〉를 운영 중인 혼공쌤이 직접 강의하신 유료 영상입니다.

혼공마켓 바로 가기

쓰기 공부법

어휘, 듣기, 문법, 독해 등의 영역을 차근차근 쌓아온 친구들이라면 이제 쓰기가 벽으로 남았을 겁니다. 대형 학원 입학시험의 문턱에서 좌절하는 아이들의 대부분도 쓰기 역량이 부족합니다. 하지만 쓰기 역시 교과서 내용을 바탕으로 연습한다면 학원 입학시험 정도는 무난하게 통과할 수 있습니다. 물론 고급 에세이를 쓰는 정도의 능력에 도달하기는 어렵겠지만 그 또한 머리가 커지고 모국어의 수준까지 높아지면 실력은 분명 오르게 돼 있습니다. 그러니 이 영역은 천천히 시간을 갖고 기다려주는 것이 가장 좋습니다. 물론 마땅한 방법이 없는 것은 아닙니다.

학원을 다니지 않고 쓰기 실력을 높일 수 있는 방법은 다음과 같이 5단계 정도로 나누어볼 수 있습니다.

- 1단계 필사하기(Copying)

말 그대로 베껴 쓰는 단계입니다. 많은 양을 팔 아프게 베껴 쓰라는 뜻이 아닙니다. 아이가 할 수 있는 범위와 양을 정하고 시작하면 됩니다. 필사 단계를 거쳐야 하는 이유는 인풋 때문입니다. 듣기만 인풋이 필요한 것이 아닙니다. 글쓰기도 좋은 문장들, 규칙이 명확한 문장들을 보면서 따라 써보는 단계를 거쳐야 합니다. 많이 읽고, 보고, 따라 써봐야 자신의 글을 쓸 수 있습니다. 어떤 교재를 활용할 필요는 없고 교과서 문장을 따라 써보면 좋습니다. 문법이 나선형으로 나오기 때문에 쉬운 규칙부터 차례로 익히기에 아주 좋은 교재가 바로 교과서니까요.

- 2단계 다시 쓰기(Reproduction)

필사 단계를 마쳤다면 쓴 문장을 가지고 다시 써보는 단계를 거쳐야 합니다. 이 단계에서는 아이에게 우리말을 생각하면서 영어 문장을 머릿속으로 떠올려보라고 이야기해주세요. 그리고 백지노트에 다시 써봅니다. 그렇게 쓰고 나면 이미 앞에서 한 번 작성해본 문장이기 때문에 맞았는지 틀렸는지 스스로 확인할 수 있습니다. 이때는 틀린 부분을 보면서 본인이 어떤 부분을 놓쳤는지 찾아보는 과정이 아주 중요합니다. 틀리지 않고 모두 잘 쓰는 것도 좋지만 사실 이 단계에서는 많이 틀려보는 것이 좋습니다.

- 3단계 조합하기(Combination)

2단계까지 마쳤다면 이번에는 조합입니다. 조합하기란 앞서 써본 문장의 패턴을 가지고 어휘나 시제, 인칭 등을 바꾸어 자신만의 문장을 만들어보는 단계입니다. 이때까지도 교과서 이외에 어떤 교재도 필요 없습니다. 예를 들어 "I like apples"라는 문장을 썼다면 'I like'라는 패턴을 가지고 뒤에 오는 명사를 바꿔봅시다. 또는 동사 like의 시제를 바꿔 liked 등으로 써볼 수도 있습니다. 또는 I 대신 she 등으로 인칭을 바꿔볼 수도 있고요. 작성한 뒤 관사나 인칭, 시제 등 수정한 내용이 맞는지 확인할 필요가 있는데, 이는 파파고 앱이나 그래멀리 웹사이트(grammarly. com)를 이용하면 됩니다.

- 4단계 유도 작문하기(Guided Writing)

4단계부터는 실제로 특정 주제를 가지고 문단의 형태로 써봐야 합니다. 아이에게 어떤 주제를 갖고 어떤 방식으로 쓸지 예시를 보여주고, 해당 예시대로 써보는 단계를 유도 작문 단계라고 할 수 있습니다. 대부분의 교과서는 이런 방식으로 쓰기 학습을 제공합니다. 초대장, 편지문 등으로 쓸 글에는 어떤 형식이 필요한지 기본 틀을 제공해준 다음에 거기에 맞게 써 보는 연습을 하는 것이 이 단계입니다. 4단계부터는 교과서로는 충분하지 않고 시중에 나와 있는 쓰기 교재를 활용하시면 큰 도움이 됩니다. 예시도 풍부하고 어휘도 다양하게 제공하기 때문이죠. 교재 활용이 도움이 되는 단계가 바로 이때입니다.

- 5단계 자유 쓰기(Free Writing)

대부분의 어머님은 아이들이 바로 자유 글쓰기 단계를 해야 라이팅을 한다고 인식합니다. 하지만 1~4단계를 거치지 않고 바로 자유 글쓰기를 하는 아이는 없습니다. 만약 처음부터 그냥 영어로 써보라고 시킨다면 어마어마한 문법적 오류를 거치게 되고, 시간이 배로 많이 들 겁니다. 또는 잘못된 문장 구조가 고착화되는 문제가 생길 확률도 높습니다. 그러므로 학습 기초 단계의 아이에게 바로 영작을 추천하기보다는 1~4단계를 차례로 거쳐 자유 글쓰기 단계에 도달해야 올바르다는 생각이 듭니다. 그리고 궁극적으로 영어 글쓰기를 잘하기 위해서는 모국어 수준을 높이는 일을 놓쳐서는 안 됩니다. 항상 국어 공부도 놓치지 말고 신경 써주세요.

☆ **Chapter 5.**

최상위권으로 도약하는
영어 공부법

학교 교과서 '만' 하는 것과
학교 교과서 '를' 하는 것의 차이

'밴드왜건 효과(Bandwagon effect)'라는 말을 들어본 적 있으신가요? 밴드왜건은 악대들이 타는 마차를 말하는데요. 악대가 음악을 연주하고 정신없이 이목을 끌면, 대중들이 별 생각 없이 그 뒤를 졸졸 따르는 현상을 밴드왜건 효과라고 말합니다. 즉 영향력이 있는 누군가가 무언가 좋다고 말하면 일반 대중들이 깊이 생각해보지 않고 무작정 쫓아가는 현상과도 같습니다. '모방주의'라고도 부르지요.

요즘 대한민국의 사교육 시장을 보면 이런 모습이 보입니다. 막연히 우르르 몰려가기만 하는 것이지요. SNS의 인플루언서가 공동 구매하는 책을 비판적 사고 없이, 내 아이의 상황에 맞는지 고려하지 않고 구입하는 행동 등이 이와 비슷합니다. 인간은 늘 합리적인 선택과 소비를 하는 것처럼 생각되지만 이런 밴드왜건 또는 스놉효과(특정 상품을 소비하는 사람이 많아지면 역으로 상품에 대한 수요가 줄어드는 현상)처럼 비합리적인 모습을 보이는 경우도 아주 많습니다.

교과서 내용 제대로 이해하고 학원에 간 거 맞나요?

우리가 교과서를 쉽게 보는 것도 이런 이유에서 기인한 듯합니다. 영어뿐 아니라 다른 과목의 경우도 교과서는 '쉬운 책'이라는 편견이 있습니다. 하지만 다른 과목은 그래도 조금씩 관심이 높아지는 것을 볼 수 있습니다. 다름 아닌 '문해력'이라는 키워드 덕분인데요. 문해력을 키우기 위해서 독서를 많이 해야 하고, 독서를 할 때 기본이 되는 것은 학교에서 공부하는 교과서라는 이야기가 유튜브나 여러 매체를 통해 전파되고 있습니다. 실제로 학년이 올라갈수록 교과서에 나오는 어휘가 쉽지만은 않기 때문에 이는 좋은 변화라고 생각합니다. 교과서에 나오는 어휘를 제대로 숙지하지 못한다는 것은 결국 문장과 단락을 이해하지 못한다는 것을 의미하고, 그 상태라면 전체의 맥락을 놓칠 가능성이 높기 때문입니다.

앞에서 말한 밴드왜건 효과도 사회 교과서에 나오는 어휘입니다. 이처럼 낯선 말이나 어휘에 대한 배경 지식이 있다면 글을 읽는 데 필요한 이해력과 독해력이 높아집니다. 그렇다면 우리가 교과서를 '공부해야 한다'는 것의 의미는 무엇일까요? 저는 교과서'만' 보라고 이야기하지는 않습니다. 교과서'를' 보라고 말합니다. 이 말인즉 교과서만 믿고 추가적인 정보에 대한 습득이나 더 발전된 사고를 하지 말라는 뜻이 아닙니다. 학교 공교육 수준의 현행만이 답이고, 선행은 무조건적인 독이라는 의미가 아니라는 뜻도 내포하고 있습니다. 교과서를 공부하라는 의미는 다음과 같습니다.

첫 번째, 교육과정을 이해해야 한다는 뜻입니다. 교육과정에 대한 제대로 된 이해 없이 대학 입시까지 가는 우리 아이 공부 로드맵을 제대로 짤 수 없습니다. 성적을 잘 받으려면 기본적인 교육과정에 대한 이해가 필요한데, 이를 위해서는 교과서와 각 단원의 목표를 잘 파악하는 것이 중요합니다.

두 번째, 아이가 교과서의 어휘나 문맥 내용 등을 잘 이해하고 있는지 중간 점검을 반드시 해야 합니다. 교과서에서 알려주는 내용은 학교에서 수업 시간에 분명히 선생님이 한 번 설명하고 넘어가는 것입니다. 다시 말해 선생님은 전달했으나 아이가 그 내용을 다 받아들이고 습득했느냐는 부차적인 문제입니다. 영어 유치원을 나온 아이들이 많아진 요즘, 교사의 말을 다른 아이들이 이해했다고 해서 우리 아이도 똑같이 이해했느냐는 좀 다른 문제이기 때문입니다. 사교육을 받는다 해도 적어도 3학년 전에 파닉스를 제대로 익혔는지, 주제별 어휘를 잘 파악했는지, 스펠링을 틀리지 않고 쓰는지 등을 체크해야 합니다.

세 번째로 아이의 공부가 초등 단계에서 끝나지 않는다는 사실입니다. 중학교에서는 초등 교육과정에 해당하는 내용은 학습이 끝난 채로 진학했다고 보고 수업을 진행합니다. 뒤처지는 아이들을 따로 지도해주지 않습니다. 초등학교 공부에서 구멍이 생겼을 때 문제가 되는 과목은 비단 수학만이 아닙니다. 수학은 단계적 학문이기 때문에 구멍이 생기면 다음 단계에서 문제가 됩니다. 다행스럽게도 수학은 문제가 생긴 단원을 찾기가 쉽고, 그 부분만 다시 학습하면 해결하기 쉬울 수도 있습니다. 반대로 영어는 단계적 학문이 아니라서 초등 시기 때 문제가 있어도 중등 시기에 마음을 다잡고 열심히 하면 따라잡을 수 있지만 어디에 구멍이 있는지, 무엇이 문제인지 원인을 찾는 것이 수학보다 방대할 수 있습니다. 그렇기 때문에 영어는 초등학교 때부터 차근차근 교육과정대로 단계를 잘 밟아가야 합니다.

옆집 아이만 보지 말고 옆집 부모도 보자

우리는 흔히 자녀를 옆집 아이와 비교합니다. 옆집 아이가 무슨 학원을 다니고, 몇 시간씩 공부하고, 어떤 문제집을 푸는지 궁금해하면서요. 하지만 여러분은 아이를 비교하기 전에 그 집 부모와 자신을 비교해본 적이 있으신가요?

저는 평소 많은 학부모님을 만나는데, 대부분 저의 자녀 교육법을 많이 궁금해하십니다. 실제로 저와 친분이 있는 분들은 고민 상담을 많이 하기도 하는데요. 그럴 때마다 저는 숨기지 않고 아주 자세히 이야기해드립니다. 그런데 재밌는 건, 제가 모든 이야기를 다 공개하는 데도 잘 듣지 않으십니다. 그거 말고 다른 이야기를 해달라고 말합니다. 처음엔 저도 이해가 잘 가지 않았습니다. '내 노하우를 모두 말해줬는데 왜 믿지 않지?' 하는 생각에 의아했어요. 그런데 그게 아니었습니다. 놀랍게도 제 말을 믿지 않는 것이 아니라 제가 말한 대로 할 자신이 없었던 겁니다. 엄마가 실천하기에 너무 버거운 수준이라고 생각하고 더 쉬운 방법을 물은 거였죠. 하지만 제가 제시하는 방법들은 도저히 따라 할 수 없는 수준의 일이 아닙니다. 저 역시 워킹맘으로 일하며 해왔던 과정들이라 과한 방법이라고 할 수도 없습니다. 그럼에도 불구하고 대부분이 그조차도 하고 싶지 않은 것입니다. 대신 편하게 학원이나 선생님을 찾고 싶어 했죠.

우리는 매일 아이들에게 더 열심히 하라고, 더 많이 하라고 재촉합니다. 그렇다면 부모님의 학창 시절은 어땠나요? 그리고 부모님의 하루는 어떤가요? 24시간을 빈틈없이 꽉 채워 보람 있게 살고 계시나요? 아마도 아닐 겁니다. 그럼에도 불구하고 부모님은 매일 더 좋은 것, 더 쉬운 것을 찾아 헤맵니다. 인정할 건 인정합시다. 옆집 아이가 우리 아이보다 뭔가 잘하고 있다면, 그

집의 부모님은 눈에 보이지 않지만 자녀를 더 잘 살펴주고 있는 것이 분명합니다. 그런데 그런 부분을 본받기보다는 단순히 우리 아이와 옆집 아이의 점수만 비교하는 데 급급하지 않으셨나요? 앞으로는 옆집 아이가 다니는 학원에 관심을 가지기보다는 그 집의 문화에 조금 더 관심을 가져보세요. 옆집 아이의 부모가 자녀를 대하는 태도를 보고, 아이의 긍정적인 학습 태도가 어디에서 기인한 것인지 찾아보는 데 더 많은 시간과 노력을 쓰시라고 말씀드리고 싶습니다.

그러다 보면 결국 어느 학원이나 문제집이 아닌, 그저 기본적인 교재와 독서 습관으로 올바른 학습 태도를 갖춘 아이가 자기주도 학습을 하고 있을 확률이 더 높다는 사실을 아시게 될 겁니다. 더 어려운 심화 교재, 수많은 문제집이 아니라 쉬운 텍스트라도 완전히 이해하려고 노력하는 자세가 바로 아이들의 진짜 공부 실력을 높여준다는 사실을 꼭 기억하세요.

실용 영어 vs. 수능 영어, 둘 중 무엇이 먼저일까

책을 많이 읽어야 한다는 말은 귀에 못이 박히게 들었지요. 그러다 보니 우리는 '얼마나 많이' 읽느냐에 집중하는 경향이 있습니다. 독서록을 만들고 1,000권 읽기 표에 스티커를 붙이는 일에 희열을 느낍니다. 저는 정말 중요한 것은 '어떻게 읽느냐'라고 생각합니다. "정독이 좋나요, 아니면 다독이 좋나요?"라는 질문도 자주 하시는데, 둘 다 좋습니다. 대신 정독과 다독이 각각 어떨 때 더 좋은지 저마다의 기준이 있습니다.

학습을 하든 책을 읽든 간에 양보다는 질에 집중해야 합니다. 영어 공부도 마찬가지입니다. 실용 영어에 집중해야 하느냐, 한국식 수능 영어에 집중해야 하느냐의 문제는 대한민국 엄마라면 한 번쯤 고민해봤음직한 이야기입니다. 이 두 가지를 이분법적으로 나누어 생각한다는 것 자체가 어불성설이지만 둘 중 하나를 선택하고 집중해야 하는 시기가 분명 찾아옵니다. 그럴 때에도 우리는 어느 쪽이 좋다, 나쁘다가 아니라 언제, 어떻게 시켜야 할지를 고민해야 합니다.

첫아이 엄마가 가장 흔히 하는 실수

요즘은 아이가 어릴 때부터 학습이 아닌 습득의 방법으로 노출을 시켜주는 엄마표 영어에 관심이 많은 시대입니다. 하지만 또 다른 한 축에는 여전히 영어 유치원파가 존재합니다. 다만 대부분의 엄마가 바쁘기도 하고 비용이 부담되기도 해서 아이를 어린이집이나 일반 유치원에 보냅니다. 그렇게 서로 다른 환경에서 지내다가 어느 날 갑자기 옆집 엄마나 놀이터에서 다른 엄마들을 만나며 정보 아닌 정보를 듣게 됩니다.

특히 첫아이를 키우는 엄마라면 마음이 더 들썩들썩합니다. 누구보다 좋은 교육을 해주고 싶고, 타고난 머리가 좋은 아이인데 내가 뭔가 놓쳐서 못 해주는 상황이 생기는 게 아닌가 하고 불안하기만 합니다. 저도 그랬습니다. 친정 엄마의 조언은 마치 잔소리처럼 들리고, 요즘 나오는 새로운 정보만이 도움이 된다고 생각했습니다. 하지만 둘째를 키워보니 알겠더라고요. 과거 엄마의 그 잔소리가 달리 들리고, 그때 엄마가 한 말이 이 말이

었구나 하는 것을 깨닫는 순간이 오더라고요.

결국 우리 모두가 다 처음 겪는 일이라고 생각하며 마음을 다스려야 합니다. 나에게 이거 해라, 저거 해라 하며 잔소리를 하는 그 엄마도 사실 첫아이를 키우고 있을 뿐인 초보 엄마입니다. 그들에게 흔들릴 필요가 없습니다. 엄마표 영어를 하는 많은 인플루언서가 있지만 그들 역시 그냥 어린아이를 키우는 평범한 초보 엄마일 뿐입니다. 그들의 자녀가 자라서 어떻게 될지는 아무도 모르는 일이지요. 개인의 특정한 성공이 마치 일반화될 수 있는 것처럼 일파만파 퍼지는 모습을 보고 있노라면 때로는 걱정이 됩니다. 물론 그들의 정보 공유나 방법에 문제가 있다거나 잘못되었다는 말이 아닙니다. 제가 드리고 싶은 이야기는 '큰 그림'을 보라는 것입니다.

당장 5세인 우리 아이, 7세인 우리 아이가 해야 할 것에 초점을 맞추지 말고, 장기, 중기, 단기 로드맵을 조망해보는 연습을 해보는 것입니다. 목표한 계획을 반드시 달성한다는 보장은 없겠지요. 아직 아이도 어리니까요. 따라서 중·장기 플랜은 다시 수정할 수 있습니다. 그렇게 큰 로드맵을 그리다 보면 현재 우리 아이 나이에 꼭 필요한 일들이 보일 겁니다. 이때 다른 엄마들의 이야기도 쉽게 넘기기보다는 조언 중 하나라고 생각하고 긍정적으로 받아들이는 자세를 가지는 게 좋습니다. 무작정 따를 필요는 없지만요. 마지막으로 무엇보다 미취학 시기에는 아이들에게 어떤 경험이든 많이 겪게 해주어야 합니다. 아직 아이가 관심이 있고, 재능이 있는 것이 무엇인지 정확히 모르기 때문에 다양한 경험치가 필요합니다. 특히 이 시기는 아이와 함께 엄마의 경험치도 쌓이기 때문에 더 중요합니다.

아이 영어 로드맵을 짜는 구체적 방법

장기 계획	Y	N
우리 가정의 상황을 생각해본다.	☐	☐
엄마 아빠의 직장 등을 고려한다.	☐	☐
아이의 해외 유학이 가능한 상황인가? 국내 학교 입학밖에는 대안이 없는가?	☐	☐
살고 있는 지역이 마음에 드는가? 혹은 학군지로 이사를 가고 싶은가?	☐	☐
나는 아이의 대학 진학은 원하는가? 혹은 아이가 하고 싶은 일이라면 꼭 대학을 가지 않아도 되는가?	☐	☐

위의 사항들을 고려하여 대략적인 장기 로드맵을 부부가 함께 이야기해보고 정하는 것을 권합니다. 특히 첫아이라면 부모님의 기대치가 지나치게 높은 경우가 있습니다. 그러므로 미리 가정의 경제적 상황을 고려하여 아이를 키워갈 전반적인 계획을 함께 세워야 합니다.

그리고 중기로 넘어가게 되면 현재 아이 학년까지만 계획을 정하면 됩니다. 꼭 필요한 사항을 과목별 또는 영역별로 정리해봅니다. 아래 예시를 참고해 우리 아이를 기준으로 대략적인 로드맵을 그리는 연습을 해보세요.

＊ 중기 계획

미취학 자녀

영어 : 우리 아이가 초등 입학 전에 쉬운 그림 영어책 정도는 혼자 읽을 수 있으면 좋겠어. 그렇게 하기 위해서 내가 알아볼 것들!
A. 영어 유치원을 보낸다. ⟶ 우리 집 근처에 제대로 된 곳이 없어.
B. 엄마표로 해본다. ⟶ 회사 다니면서 할 수 있을까? 일단 조금이라도 실천해보자.
적어도 5세 이후에 시작하기! 듣기랑 영상은 조금 일찍 해도 될까?

한글 : 초등 입학 전에는 떼야 하니까 6세부터 시작해보자.
'한글이 야호'같은 영상이나 한글 문제집으로 해결하기!

수학 : 요즘 사고력 수학이 대세라던데, 미리 알아봐야겠다.

대부분의 부모님이 로드맵을 실제로 쓰기보다는 머릿속으로 상상만 많이 합니다. 그리고 유튜브 영상을 보고 동네 엄마들의 조언을 듣습니다. 거기까지입니다. 그 이후에 스스로 다시 정리하고 적어보는 과정이 없습니다. 실천력이 떨어지는 것이지요. 그러다 보니 본인의 계획에 어떤 오류가 있는지 찾기보다 다른 사람의 말에 쉽게 휘둘립니다. 그래서 저는 항상 부모님께 노트

✳ 단기 계획

스케줄표 만들기

시간 단위 또는 할 일 단위로 그날의 스케줄을 정합니다.

정리를 습관화하시라고 이야기합니다. 저 역시 아이의 수학 공부에 대해서는 막막할 때가 있어요. 평소 수학 노트를 만들어서 저만의 방식으로 수학의 계통, 문제집, 인강 정보 등을 정리해놓습니다. 그리고 내용을 수시로 수정하는 과정을 꼭 거칩니다.

아이가 어릴 때는 엄마의 스케줄표가 중요합니다. 메모처럼 적어서 냉장고나 문 앞에 붙이는 것도 괜찮고, 그것이 습관화되면 칠판에 적어두는 것도 좋은 방법입니다. 그렇게 엄마의 스케줄러가 완성되고 나면 초등 중학년 이후에는 아이 스스로 스케줄을 작성할 수 있도록 도와주세요.

실용 영어와 병행하는 법을 이야기하면서 노트 정리랑 로드맵에 대한 잔소리가 왜 이리 긴지 궁금하시지요? 사실 실용 영어가 진정한 영어이며, 한국식 영어는 엉망이라고 보는 이분법적 태도는 옳지 않습니다. 균형 잡힌 시각으로 모든 것을 조망해야 합니다. 요즘 나오는 엄마표 영어 방법은 인터넷 검색 한 번이면 대강의 내용을 쭉 훑어볼 수 있습니다. 다만 저는 우리 아이의 성향이나 연령에 맞게 어떻게 진행해야 할지 모르겠다는 질문을 자주 듣습니다. 그래서 앞의 방법을 추천드리는 겁니다. 아이가 어릴 때부터 소통이 가능한 영어 학습을 목적으로 하신다면 반드시 노트를 한 권 마련해서 장기, 중기, 단기 로드맵부터 만들어보세요. 결국 실천이 답이니까요.

유튜브로 영어 노출하는 법

그러면 실질적으로 어떻게 아이에게 영어 노출을 해주면 좋은지 구체적인 방법을 설명해드리도록 하겠습니다. 이 내용 역시 반드시 노트에 기입해서 활용하시길 권합니다.

부모 세대 때와 달리 지금은 미디어를 접할 수 있는 기회가 많습니다. 주변에서 쉽게 영어로 된 영상이나 듣기 자료를 구할 수 있습니다. 제가 앞에서 소개한 초등 영어 교과서에 등장하는 여러 가지 주제들과 의외로 등장하지 않는 주제들을 떠올리고 관련 영상을 찾아보시기 바랍니다. 처음에 어떤 주제로 접근해야 할지 모르겠을 때는 앞으로 초등 교과서에서 배우게 될 주제 위주로 톺아보는 것이 도움이 됩니다.

수퍼 심플송(Super Simple Songs)

이 유튜브 영상은 노래가 자극적이지 않아 나이가 아주 어린 친구들도 접하기 좋습니다. 게다가 초등 교과서에서 다루는 기본 생활습관이나 색깔, 숫자, 인사말 등의 주제가 대부분 다 들어 있습니다. 그리고 이 유튜브 사이트는 웹사이트와 연동되어 무료 워크시트 자료를 받을 수 있다는 장점이 있습니다.

키즈TV(KidsTV 123)

수퍼심플송과 비슷한 유튜브 채널입니다. 알파벳을 시작으로 기본적으로 배워야 할 주제에 관련된 영상이 노래로 제공됩니다. 파닉스 학습도 할 수 있도록 다양한 콘텐츠가 포함돼 있습니다. 이 채널의 영상도 마찬가지로 자극적이지 않아 어린 연령의 아이들이 듣기에 무리가 없습니다.

페파 피그(Peppa Pig) & 까이유(Caillou)

페파피그와 까이유에 대해서는 많이
들어보셨을 겁니다. 저는 부모님께 이
두 애니메이션을 반드시 병행해서 보여줄 것을 권하는데요. 둘
다 영미 문화권의 일반적인 가정의 모습을 잘 보여주는 애니메
이션입니다. 주제나 표현도 아주 유사해서 엄마나 아빠가 하는
대사가 겹치는 경우도 아주 많습니다. 더불어 페파피그는 영국
식 발음을, 까이유는 미국식 발음을 구사합니다. 그래서 같은 의
사소통 기능문을 다른 발음으로 들어볼 수 있다는 장점까지 있
습니다.

현서 아빠표 영어

『현서네 유튜브 영어 학습법』이라는 책의 저자
인 배성기 작가님이 직접 운영하는 채널입니다.
연령별 추천 영상을 잘 정리해서 소개합니다. 게다가 직접 아빠
가 딸 현서의 영어 노출을 어떻게 했는지 실질적인 팁을 소개한
영상들도 많이 있습니다. 직접 한번 들어보고 어떻게 우리 아이에
게 활용할 수 있을지 고민해보면 도움이 될 것 같습니다.

혼공TV

초등부터 중등까지 문법 강의를 모두 무료로

제공하는 채널입니다. 애니메이션뿐 아니라 학업에서도 유튜브를 활동한 예를 볼 수 있습니다.

영어 원서 읽기 시작하는 법

아이가 영어 영상에 꽤 익숙해졌다면 듣기 영역은 어느 정도 잡은 거라고 생각하시면 됩니다. 가정에서 영상 노출을 꾸준히 해주고, 아이가 교과서에 나오는 문장이나 표현, 어휘 등을 빠짐없이 잘 배우고 있다면 딱히 학원의 도움을 받을 이유가 없습니다. 특히 초등 시기라면 더 그렇습니다. 그럼에도 불구하고 어머님들은 늘 불안해하십니다. 자녀에게 조금이라도 더 해주고 싶은 그 마음을 두고 무조건 아무것도 하지 말라고 할 수는 없습니다. 그렇지만 집에서 아이를 잘 보살피지 않은 채 학원에서 모든 것을 채우면 된다고 생각하면 많은 것을 놓치게 됩니다.

요즘은 영어 원서를 읽는 학원도 많이 생겼지요. 영어 도서관 프로그램을 이용하는 학원도 있는데, 이런 곳은 하루에 몇 권 또는 일주일에 몇 권씩 읽고 책 내용을 AR Quiz를 보는 방식으로 아이의 실력을 점검합니다. 도저히 시간을 낼 수 없는 워킹맘이라면 이런 학원을 이용해도 괜찮지만 대신 영어 실력이 금세, 쉽게 늘어날 거라고 기대하시면 곤란합니다.

국어 실력을 늘리는 일도 마찬가지입니다. 우리말 책을 읽는 것도 똑같습니다. 하루아침에 되는 일은 세상에 아무것도 없다고 생각하시면 됩니다. 아이가 책을 너무 안 읽어서 논술학원에 보낸다는 부모님을 본 적이 있습니다. 그렇다고 아이가 책을 바로 잘 읽게 되던가요? 그렇지 않습니다. 독서는 즐거운 일이어야 합니다. 그래야 아이가 다음 책을 집어 들고 읽게 됩니다. 그런 환경을 만들어주지 못한다면 다른 방법은 임시방편에 그칠 뿐입니다. 그래서인지 영어 원서 읽기가 엄마들에게는 늘 큰 숙제처럼 다가옵니다. 물론 쉽게 성공하는 분들도 있지만 우리는 늘 소수의 성공한 케이스만 보고 쉽게 생각하는 경향이 있습니다. 영어 원서 읽기는 반드시 국어책 읽기와 병행되어야 하고, 학원만이 아닌 집이나 도서관에서도 이루어져야 하는 활동입니다. 이 기본적인 것을 어떤 기관에 맡기려고 할 때부터 일이 꼬이기 시작합니다. 기본적으로 엄마나 아빠와 함께 시작해야 하고, 학습이 아니라 삶의 일부라고 생각하며 해야 합니다. 마음의 양식과 지식이 동시에 함께 쌓이는 것임을 아이들이 스스로 깨달을 수 있게 해주어야 합니다.

그래서 무작정 레벨에 맞춰 하기보다는 엄마가 책을 읽어주며 시작하는 것이 우리 아이와 한 팀으로 오래 호흡하며 가는 유일한 방법입니다. 요즘 엄마들, 할 일도 너무 많고 힘들다고 하소연하시는데요. 세상에 힘들이지 않고 성과를 낼 수 있는 일은 드뭅니다. 만약 그런 일이 있다면 분명 일정 부분 대가를 치러야 할 겁니다. 그게 어떤 형태든 간에 말이죠. 아이와의 교감을 위해 함께 책 읽기를 시작하세요. 우리말 책 읽기와 병행하는 것도 잊지 마시고요. 당장 어떤 책부터 읽어줘야 할지 막막하신 분들을 위해 안내서가 될 수 있는 책 몇 권을 소개드립니다.

『초등맘이 꼭 알아야 할 국어·영어 독서법』 (도준형, 이지은 ㅣ 앤페이지)

제가 공저자로 참여한 책입니다. 이 책에는 국어, 영어 독서법에 대해 초보 부모님이 궁금해하는 점들을 Q&A 형식으로 엮어 놓았습니다. 국어책과 영어책 목록이 제공되니 자녀 공부 문제로 막막하신 학부모님이 꼭 참고하시면 좋겠습니다.

『잠수네 아이들의 소문난 영어공부법』 (이신애 ㅣ 알에이치코리아)

출간된 지 제법 오래된, 2013년에 나왔지만 영어 학습법뿐 아니라 자세한 도서 가이드가 수록돼 있어서 지금도 엄마표 영어를 시작하는 분들께 바이블 같은 책이 될 수 있을 것입니다. 유료 사이트를 이용하지 않고 수록된 도서 목록만으로도 충분히 도움받을 수 있는 책입니다.

『우리 아이 영어책 지도』 (아이걸음 ㅣ 헤다)

무려 600쪽이 넘는 책으로 연령·주제·종류별로 영어책을 큐레이팅해 놓았습니다. 아이표 영어로 유명한 아이걸음 님의 책입니다.

ABC

너, 영어 교과서
씹어 먹어 봤니?

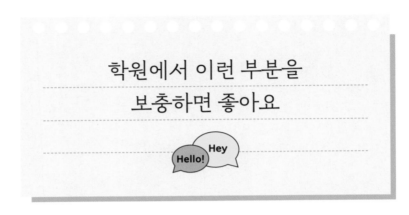

학원에서 이런 부분을 보충하면 좋아요

저는 오은영 박사님이 출연하는 「금쪽같은 내 새끼」의 열혈 팬입니다. 매주 챙겨보는 프로그램 중 하나인데, 아이를 키우고 있어서 보는 것도 있지만 제가 가르치는 아이들의 마음을 이해하는 데도 큰 도움이 되어 즐겨 봅니다.

제가 대학생일 때, 아르바이트로 과외를 하던 시절에는 아이들이나 부모님의 마음을 읽기보다는 학생의 객관적인 성적이 더 중요했습니다. 하지만 요즘은 그렇지 않습니다. 많은 이가 아이들을 이해하는 것이 결국 그들의 학습을 지속시킬 수 있는 방법이라는 걸 알기 때문입니다. 그리고 내가 아이를 키우고 있다고 해서 자녀를 다 아는 것도 아닙니다. 본인 자신과 자녀도 제각기 다른 사람이기 때문입니다. 또 집집마다 가정 환경도 다르며, 누구나 다 엄마표로 케어를 해줄 수 있는 상황도 아닙니다. 오히려 그렇지 않은 집이 더 많은 게 현실입니다. 실제로 학원도 부담스러워서 방과 후 수업이나 상대적으로 저렴한 학습지를 선택하는 학부모님이 훨씬 많습니다. 이 책은 그런 부모님을 위해 만들어졌다고 해도 과언이 아닙니다. 공교육도 버거운 분들께 이 책이 도움이 되었으면 하는 바람입니다.

물론 엄마가 도와주는 것도 쉽지 않고, 더구나 맞벌이 가정의 경우에는 학원이나 다른 기관의 도움을 받는 것이 최선이기도 합니다. 그런 상황에서 무엇에 집중하고 어떤 것을 얻어야 효과적이라고 말할 수 있을까요? 한번 생각해봅시다. 일단 아이는 끝까지 부모가 케어해주어야 합니다. 학원은 잠시 도움을 받는 곳일 뿐, 모든 것을 책임져주는 기관이 아님을 기억하세요.

학원 레벨 테스트 잘 보는 법

영어 학원의 종류는 정말 많습니다. 동네 소규모 공부방부터 소규모 학원, 프랜차이즈 대형 학원, 영어 도서관 등의 형태가 존재합니다. 우선 학원을 선택할 때는 아이 성향에 맞는 곳을 찾기 위해 자녀와 함께 직접 방문하는 것이 가장 좋습니다.

다만 대형 프랜차이즈 학원은 다니고 싶다고 해서 돈만 내면 다 갈 수 있는 곳이 아닙니다. 먼저 레벨 테스트를 잘 쳐야 합니다. 그래야 수준이 높은 반에 배정받을 수 있습니다. 실제로 대형 학원 레벨 테스트를 가장 많이 보는 시점이 초등 3학년 때입니다. 이유는 3학년 때 들어가지 못하면 영영 못 간다는 카더라 통신 때문인데요. 왜 3학년인지 살펴보겠습니다.

초등 1, 2학년은 영어 유치원을 나온 친구들과 이제 막 영어를 시작한 친구들, 크게 두 부류로 나뉩니다. 일단 초등학교에 입학하면 영어에 신경을 쓰지 않던 엄마들도 슬슬 촉을 세우기 시작합니다. 방과 후 영어 수업이 선행 학습을 조장한다는 문제로 잠시 중단되었던 기간이 있었는데, 그 전에는 학원에 보내지 못하면 방과 후 수업이라도 꼭 수강하는 분위기였습니다. 그렇게 1~2년간 알파벳과 파닉스를 마무리하고 나면 슬슬 대형 학원으로 옮길 준비를 합니다.

대형 학원도 어학원 스타일과 한국식 입시 영어 학습을 시키는 스타일로 나뉩니다. 어학원의 경우 1, 2학년 학생도 모집하지만, 한국식 입시 학원은 보통 3학년부터 모집을 시작하여 이때부터 시험을 치러 오는 아이들이 늘어납니다. 그리고 대부분에게 첫 시험이기 때문에 변별력이 다소 낮을 수밖에 없고, 시험의 난도도 쉬운 편이라 3학년이 됐을 때 학원에 가는 것이 여러모로 편리합니다. 입학 자체가 쉬운 것이지요. 그런 이유 때문에 3학년 때 학원에 높은 레벨로 들어가라는 이야기가 나오는 것입니다. 사실 입학 후에는 특별한 문제가 없으면 6개월마다 자동으로 레벨업을 하게 되는 구조가 대부분입니다. 그래서 4학년이나 5학년 때 시험을 보고 들어오는 아이들에 비해 레벨 면에서 앞설 수 있다는 장점이 있습니다.

하지만 잘 생각해봅시다. 이른 시작이 실력 향상과 정비례하느냐고 반문하면 물음표가 떠오릅니다. 남들에게 보이는 레벨 말고 진짜 실력이 어느 정도인지 스스로 알 필요가 있는데, 문제는 많은 어머님이 보이는 레벨만 믿습니다. 그리고 학원에 오래 다니다가도 아이 실력이 향상되는 것 같지 않으면 학원을 옮깁니다. 이런 식으로 학원을 옮겨 다니며 사교육에만 의존하는 형태의 영어 학습은 아이의 진정한 실력을 높이는 방법이 아닙니다. 게다가 대형 학원의 수업 방식 자체가 한 명의 선생님이 한 반에 적게는 여덟 명부터 많게는 열다섯 명의 학생을 가르치는 구조입니다. 수업 내용을 잘 따라오는 아이가 있고, 그렇지 않은 아이가 존재합니다. 학원 특성상 쏟아붓듯이 많은 양의 어휘 암기 같은 숙제를 내기 때문에 후자인 아이의 경우 굉장히 버거워하는 모습을 보입니다. 학원에 등록할 때는 그런 부분들을 모두 감안해야 합니다.

1. 우리 아이가 대형 학원에서 일 대 다수로 수업을 들을 때 잘 따라올 수 있는 집중력을 가졌는가?
2. 학년에 비례해서 많아지는 숙제 양을 소화할 수 있는가?

3. 다른 친구들과의 경쟁을 즐기는 성향인가?

앞의 사항들을 고려한 후에 그래도 혼자 집에서 하는 것보다 대형 학원에 아이를 보내고자 한다면 또는 진짜 보내고 싶다기보다 현재 아이의 수준을 확인하고 싶어서 레벨 테스트를 치고 싶다면 다음과 같이 준비하여 도전해보시면 좋겠습니다. 테스트를 하기 전에는 읽기, 듣기, 쓰기, 문법 총 네 가지 영역을 모두 점검해보아야 합니다. 대부분의 학원에서 스피킹을 제외한 전 영역 모두 테스트에 포함시킵니다(단, 어학원은 스피킹까지 확인하기 때문에 어학원을 가고자 한다면 말하기도 준비해야 합니다).

읽기 (Reading)	학년별로 학교에서 배우는 교과 내용이 100퍼센트 이해 가능한 수준이어야 합니다. AR 지수로 따지면 본인의 학년 -2 ~ -2.5점 정도가 적절합니다. 3학년이라면 1점대 또는 Pre-K 단계 정도면 충분합니다.
듣기 (Listening)	리스닝은 어릴 때 노출해줄수록 효과가 높기 때문에 미취학 때부터 많이 듣는 환경을 조성해주면 좋습니다만, 학원에 들어가기 위해 필요한 능력은 기본적인 영어 교과서에 나오는 3, 4학년 대화를 듣고 이해할 수 있는 수준이면 문제 없습니다. 다만 어휘를 많이 알수록 상황을 더 잘 이해하는 데 도움이 됩니다.
쓰기 (Writing)	어학원이나 대형 학원 시험에서 라이팅 문제가 나오면 많은 부모님과 아이들이 난관에 부딪힙니다. 아이들은 어휘도 부족하고 아직 문법적인 틀도 잡히지 않은 상태에서 글을 써야 하기 때문에 어려움을 겪습니다. 하지만 학원에서 보는 라이팅은 기본적인 문장을 쓸 수 있다면 문제가 없습니다. 초등 5, 6학년 교과서에 나오는 문장을 문장 또는 문단 단위로 써 내려갈 수 있다면 학원 레벨 테스트를 충분히 잘 치를 수 있습니다.

문법 (Grammar)	같은 맥락으로 기본적인 초등 문법을 이해하고 사용할 수 있다면 단순하게 문제화되어 나오는 학원 시험 정도는 어렵지 않게 치를 수 있습니다. 다만 문법 학습을 요하는 5, 6학년에 대형 학원 레벨 테스트를 보게 된다면 이야기가 달라집니다. 문법을 확인하는 문항이 늘어나고, 다루는 문법의 범위도 관계사 정도까지인 학원들도 꽤 있습니다. 고학년으로 올라갈수록 학원 입장에서도 우수한 학생을 선발하고자 하기 때문에 레벨 테스트가 어려워지는 경향이 있습니다.
어휘 (Vocab)	만약 3, 4학년 때 학원 레벨 테스트를 치르게 된다면 초등 기본 어휘만으로 충분합니다. 하지만 5, 6학년에 학원 레벨 테스트를 치르게 된다면 중학교 어휘까지 학습을 해야 합니다. 고학년이 될수록 어휘 문제가 까다롭거나 다소 헷갈리게 출제가 되어 여기서 감점이 생기는 경우가 많습니다.
말하기 (Speaking)	일부 어학원 또는 지점을 제외하고는 잘 테스트하지 않습니다. 다만 온라인으로 시험을 보는 경우에는 AI가 하는 말을 듣고 대답하거나, 듣고 따라 하면서 억양 정도를 테스트해보기도 합니다.

초등학생 자녀의 학원 관리법 세 가지

무사히 레벨 테스트를 치르고 학원에 다니게 되면 대부분 한 고비를 넘겼다고 생각하고 학원에만 맡기는 경우가 많습니다. 하지만 학원에 다니기 시작했다면 그때부터 부모님이 챙겨줘야 하는 부분 역시 있습니다. 학원에만 의존할 경우 아이가 무엇을 배우고 있고, 얼마만큼 실력이 상승하는지 모를 확률이 높기 때문입니다.

또한 아이의 심리적인 케어도 함께 해주어야 합니다. 학원을 다니느라 체력적으로 힘이 들고, 학년이 높아질수록 인지 수준과 함께 부모와의 관계 등을 재정립하는 시기가 옵니다. 그래서 부모님이 학원 숙제나 교재 등을 보여달라고 했을 때 아이가 순순히 보여주는 사례가 줄어들고, 짜증이 부쩍 늘어난 모습을 보입니다.

부모님은 자녀의 이러한 심리 상태를 미리 살핀 뒤 이해하는 마음으로 접근해야 합니다. 그렇다고 오냐오냐 하며 모든 것을 다 수용해주라는 말은 아닙니다. 아이가 학원을 '필수적인 곳'으로 여기게 해서는 안 된다는 뜻입니다. 공부는 원래 혼자 하는 것이지만 약간의 도움이 필요할 때만 전문가의 도움을 받는다고 설명해주어야 합니다. 지금은 도움을 받기 위해 학원을 다니는 것이지, 전적으로 선생님께 의존하기 위해 다니는 것이 아님을 명확히 인지시켜주세요. 나아가 학원을 끊는 것을 두려워하지 않으시기를 바랍니다. 그 마음이 자녀에게 읽히는 순간부터 학원은 아이의 무기가 되어버리니까요.

아이를 학원에 보내기로 마음먹었다면 다음의 것들도 챙겨줄 각오를 하시는 것이 좋습니다. 특히 귀한 돈을 낭비하지 않으려면 아래 내용은 반드시 알고 계셔야 합니다.

- 학원에서 사용하는 교재 무엇인지 알고 있기

아이를 학원에 보낸 뒤, 특히 영어의 경우는 많은 부모님이 어떤 교재를 사용하는지 주로 모르고 계십니다. 대형 학원은 학원 자체 교재를 사용하는 경우가 있기 때문에 내용의 난도를 파악하기가 어렵습니다. 그럴 때는 학원에 문의해서 시중 교재 중 어떤 것과 수준이 비슷한지 반드시 확인하시기 바랍니다.

- 학원 숙제가 무엇인지 알고 있기

매일 또는 매주 반복적으로 나오는 숙제가 무엇인지 꼭 확인하시고 챙겨주세요. 대형 학원은 커리큘럼이 다소 복잡하고 교재의 종류도 다양해서 아이가 어떤 숙제를 하고 있는지 잘 알지 못하는 경우가 많습니다. 하지만 프린트물이나 워크북의 문제 풀이 또는 매일 해야 하는 어휘 암기 등은 부모님이 빠짐없이 챙겨주는 것이 좋습니다. 이때 아이가 고학년이라면 부모님의 도움 없이 혼자 하고 싶어할 것입니다. 그럴 때는 기간을 정해 놓고, 학원에 들어가고 초반 3개월 정도까지는 함께 봐주시고 나중에는 혼자 할 수 있도록 독려해주세요. 또 초반에 부모님이 자녀 학습을 점검하고 있다는 사실을 아이 스스로도 알고, 학원에도 알릴 필요가 있습니다.

- 아이의 마음 이해하기

아이가 학원에 몇 달 정도 다니다 보면 학원에서의 본인 위치를 알게 됩니다. 잘하는 아이는 의욕을 갖고 더 잘하기를 원할 것이고, 어려움을 겪는 아이는 몇 달이 지나고 나면 그만두고 싶다는 말을 자주 할 가능성이 높습니다. 그럴 때 잘 대처하기 위해서는 앞에서 언급한 두 가지 사실을 잘 알고 있는 것이 중요하고, 다음으로 아이의 마음 상태를 잘 이해하셔야 합니다.

고학년일수록 심리적 문제로 학원을 거부하는 경우가 있는데, 그럴 때는 아이의 마음을 잘 파악해서 학습에 도움이 되는 방향으로 결정해야 합니다. 무조건 학원을 그만두거나 옮기는 것이 능사는 아닙니다. 그렇다고 엄마의 욕심대로 억지로 끌고 가도 학업 성취도가 떨어집니다. 가정에서 부모님이 가르쳐줄 때와 달리 아이들이 학원에서 처음 겪는 경쟁 등의 문제로 스트레스를 겪을 수 있다는 점을 미리 인지하고만 있어도 도움이 될 것입니다.

인터넷 강의 활용법

요즘 아이패드나 갤럭시 탭 등의 기기를 활용한 학습이 유행입니다. 모든 가정에 기기가 하나는 있는 것만 같습니다. 저희 집에서도 활용하고 있는데요. 이러한 온라인 패드 학습과 EBS 인터넷 강의 등이 학원의 대체재로 활용될 여지가 있습니다. 다만 인터넷 강의는 오프라인 학원과 또 다른 성격을 갖고 있기 때문에 염두해둘 점이 몇 가지 있습니다.

온라인 강의는 실시간으로 진행되는 것이 아닌 녹화본이기 때문에 대부분 일방적인 정보 전달의 방식을 취합니다. 듣고 있는 학습자가 얼마나 능동적으로 참여하고 있는지 확인하기 어렵죠. 그래서 아이들에게 패드나 컴퓨터로 강의를 듣게 할 때는 다음의 내용들을 지켜주시면 그 효과가 배가 오릅니다.

– 필요한 과목만 최소화하였는가?

요즘 경쟁이 치열해져서 그런지 온라인 수강이 가능한 과목이나 강의의 종류가 엄청나게 늘어났습니다. 영어 도서관이나 분야별 도서가 포함된 경우도 있고, 각종 과학 상식이나 시사 관련 자료까지 보이기도 합니다. 다만 이 방대한 양에 혹해서 우리 아이가 모두 다 소화할 수 있을 것이라고 여겨 시작했다면 다시 한번 생각해보시기 바랍니다.

시간은 한정되어 있고 그 안에 효율적으로 학습을 해야 하는데, 대부분이 모든 콘텐츠를 다 소화하지 못합니다. 그러므로 콘텐츠 전부를 두고 비용으로 계산하지 말고, 무료 체험을 통해 아이에게 꼭 필요한 과목부터 최소화해 생각해보시기 바랍니다. 그리고 필요한 과목만 한 달 동안 수강한다고 해도 비용이 아깝지 않은지 고려해보셔야 합니다. 예를 들어 영문법 강의와 수학 심화 강의가 필요한 경우, 두 과목에 월 10만 원 내외의 비용을 지불해도 괜찮은지 구체적으로 생각해보고 판단하면 결정에 도움이 됩니다. 그렇게 시작하면 아이와 실랑이도 줄어들고, 돈이 아깝다는 생각도 덜하게 되실 겁니다. 반대로 처음부터 모든 콘텐츠를 다 이용하겠다고 마음먹으면 뜻대로 따라오지 않는 아이가 먼저 보이고, 부정적인 생각만 커질 겁니다. 그러므로 시작하기 전에 아이와 함께 할 수 있는 만큼의 양을 정한 다음 그 양만큼은 꼭 지키도록 합니다.

- 수동적 시청은 금물

인터넷 강의는 수동적으로 시청할 수밖에 없는 구조입니다. 선생님의 설명과 판서를 듣고 있다 보면 시간이 금세 지나가고, 심지어 들을 때는 이해가 너무나 잘되죠. 그래서 아이들은 내용을 모두 이해했다고 생각합니다. 이러한 배움은 듣는 것부터 확인 문제 풀이까지 모두 온라인으로 진행되기 때문에 손가락 하나로 끝납니다. 하지만 학습은 능동적으로 자신이 모르는 것을 확인하고 부족한 부분을 채우는 것입니다. 고등학생이나 성인도 이런 학습이 익숙지 않은데, 초등학생에게 스스로 인터넷 강의 학습을 하라고 하면 그저 흘려듣는 수준밖에 안 될 것입니다. 이때 수동적 시청을 조금이라도 보완할 수 있는 방법은 '노트 필기'입니다. 손으로 직접 써 내려가며 노트 필기를 하는 것은 강의 내용을 듣고 자기만의 방식으로 다시 정리하는 활동으로, 수동적으로 듣기만 하는 학습의 단점을 보완할 수 있습니다.

- 가족의 공동 영역에서 시청할 것

온라인 학습이다 보니 집중력 문제도 생기고, 아이가 학습을 한 후에 게임이나 인터넷 서핑 등으로 시간을 낭비할 가능성이 높습니다. 게다가 공부 시간 사이사이에 미디어를 보며 휴식을 취하는 것은 진정한 쉼이라고 보기 어렵습니다. 오히려 뇌의 피로도가 높아진다는 연구 결과도 있습니다. 부모님들도 걱정이 되실 겁니다. 그러므로 아이가 혼자 방 안에서 온라인 학습을 하기보다는 거실이나 식탁 등 가족의 공동 영역 안에서 시간을 정해 시청할 수 있도록 지도해주시는 것이 좋습니다. 형제가 있다면 가정 내에서 규칙을 정해서 서로 방해되지 않게 조율해주세요.

활용하는 것과 의존하는 것은 다르다

일단은 교과 학습을 잘 따르는 것이 가장 중요하지만 분명 상황에 따라 부족한 것들이 생기고, 아이가 잘하는 과목은 정보를 더 알아보고 싶은 마음이 생기기 마련입니다. 거듭 강조하지만 제가 하는 이야기는 학습을 능동적이고 자기주도적으로 하자는 것이지, 공교육에서 배우는 내용 이외에 어떤 공부도 선행이니 하지 말라는 의도가 아닙니다. 그래서 우리는 학원이나 온라인 강의도 적절하게 활용할 필요가 있습니다. 활용과 의존은 다른 문제이므로 여러분은 똑똑하게 선택하고 실천할 수 있는 부모가 되시길 바랍니다.

중학교 교과서와의 연계성

초등학생과 중학생에 대한 여러분의 느낌은 어떠신가요? 초등학생이라고 하면 고학년인 6학년이어도 어린이 같은 느낌이 강하고, 중학생이라고 하면 중1이라도 청소년이라는 이미지가 강하죠? 교육과정에서도 마찬가지랍니다. 아이가 중등 교육과정으로 올라가면 훌쩍 성장한 느낌을 많이 받습니다.

하지만 아이 입장에서는 초등학교 6학년에서 중학교 1학년으로, 단 몇 개월 만에 신분이 바뀌는 것입니다. 그래서 아이들은 이러한 교육과정의 점프를 때로는 버겁게 느낍니다. 초등학교에서 중학교로 올라갈 때 유독 그런 느낌을 더 많이 받게 됩니다. 담임선생님이 모든 것을 해주었던 초등 시기와 달리 중학교에서는 과목별 선생님의 수업을 스스로 챙겨야 합니다. 하지만 그런 시간들을 중학교 1학년 때 잘 연습해놓으면 중 2, 3학년이 되어서는 편하게 지낼 수 있습니다. 마치 유치원이나 어린이집을 다니다 초등학교에 처음 갔을 때와 같은 것이지요. 아이들에게 다소 힘들고 버거운 시간이 있지만 그 시절을 지나 6학년을 졸업할 때가 되면 좀 더 어른스러워지는 것처럼요.

중학생이 되면 초등학생 때는 없던 내신 시험이라는 것이 생기고, 수행평가의 난도나 수행의 정도가 높아지고, 모든 것이 수치와 점수로 평가되는 경험을 하게 됩니다. 그렇게 되면 다소 부정확했던 본인의 위치를 확인하게 되기도 합니다. 위치를 알게 되면서 어떤 아이들은 좌절하고, 때론 어떤 아이들은 자신감을 얻게 됩니다. 우리는 쉽게 좌절하는 아이가 아니라 자신감 있는 아이로 키우는 것이 목표지요? 그렇게 하기 위해서 평소 학교 공부에 대한 대비를 해야 합니다. 학교는 공교육이니 그에 대한 대비는 무엇으로 하면 좋을까요? 당연히 교과서입니다. 교과서로 대비하기 위해서는 지금까지 설명드린 교육과정을 아이들에게 부모님의 언어로 잘 풀어주시면 큰 도움이 될 것입니다.

내신 공부법

초등 시기까지는 한 번도 살펴보지 않다가 중학교에 가면 내신 때문에 자주 들여다보게 되는 것이 바로 영어 교과서입니다.

어느 출판사에서 나온 책이고, 대표 저자 이름이 무엇인지 알고 있어야 합니다. 그래야 내신 시험에 적절하게 대비할 수 있습니다. 초등학교 때도 시험이 있다면 아마 학생들이 더 자주 교과서를 들여다볼 것입니다. 어휘도 꼼꼼하게 외우겠지요. 하지만 초등 시기에 시험이 없는 이유는 주입식 교육보다는 직접 말해보고, 활동해보고, 조작해보는 활동이 더 효과적이라고 판단했기 때문입니다. 따라서 가정에서도 같은 기조로 진행해주시는 것이 좋습니다.

- 초등 때 미리 다질 것들

초등 시기에는 교과서에 나오는 의사소통 기능과 언어 형식을 많이 듣고 말해보는 방식으로 연습해주세요. 다만 어휘만은 암기의 영역으로 확장시켜주시면 좋겠습니다. 초등 시기에 주입식, 암기식 교육이 좋지는 않지만 어휘만큼은 외우는 것을 권장합니다. 이렇게 학습하면 뇌 용량을 늘려주어, 초등 고학년부터 훈련하면 지능을 높이는 데도 도움이 됩니다.

아는 어휘가 많아지면 학년이 올라갈수록 영어책을 읽고 해석하는 데도 큰 쓸모가 있습니다. 고학년이 될수록 단어 하나에 하나의 뜻만 있는 것이 아닌, 품사에 따라 뜻이 달라지거나 하나의 단어에 여러 가지 뜻이 있는 다의어 등도 학습해야 하기 때문입니다. 그런 부분에서 공부 시간을 효율적으로 쓰려면 초등 시기에 교육과정에 나와있는 어휘 목록은 모두 익히고 넘어가야 합니다.

- 중등 때 해야 할 것들

노트 정리법을 반드시 알고 있어야 합니다. 노트 정리법도 초등 때 미리 챙기면 좋은 것 중 하나입니다. 교과서에서 가장 중요한 부분이 어디인지 캐치하여 노트에 따로 정리하는 것은 공부의 기초를 닦는 것이기 때문에 반드시 짚고 넘어가야 합니다. 영어 노트는 조금 다른 방식으로 정리해야 하지만 다른 과목은 동일합니다. 코넬노트로 정리하는 법과 교과서에서 단원명과 단원 목표가 가지는 중요성에 대해 알려드리겠습니다. 또 영어는 어떻게 정리하는 것이 좋은지 추가로 설명해드릴게요.

- 코넬노트 사용법

일반적으로 코넬노트에 상단에는 주제를 쓰고 왼쪽 옆단에는 키워드, 맨 아랫단에는 요약을 씁니다. 하지만 저는 조금 변형한 방법을 알려드리겠습니다.

먼저 대단원의 주제는 해당 단원이 끝날 때까지 노트에 반복적으로 써 줍니다. 그리고 소단원을 아래에 더해줍니다. 대단원과 소단원이 있는 경우 세부 주제가 교과서 시작 부분의 상단에 큰 글씨 또는 색자로 쓰여져 있는 경우가 있습니다. 그 내용을

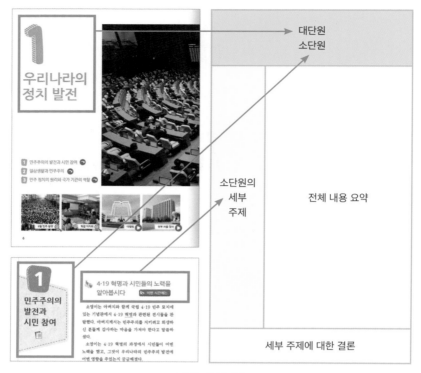

코넬노트 정리법

세부 주제로 왼쪽 옆단에 써 줍니다. 그리고 주제만 썼기 때문에 필요에 따라 부가적인 내용도 추가적으로 작성해줍니다. 가장 중요한 것은 세부 주제에 대한 결론입니다. 주제가 무엇이든 간에 교과서 본문 안에는 반드시 결론이 언급되도록 구성되어 있기 때문에 내용을 충실히 읽고 이해했다면 충분히 찾아서 쓸 수 있습니다. 예를 들어 사진과 같이 6학년 1학기 사회 교과서 소단원의 세부 주제 중 첫 번째가 '4.19 혁명과 시민들의 노력을 알아봅시다'입니다. 그럼 교과서를 읽고 4.19 혁명의 정의와 시민들이 어떤 노력을 했는지 한두 줄로 결론을 요약해서 쓰는 겁니다. 이것이 노트 정리의 기본이라고 생각하시면 됩니다. 교과서에서 가장 중요한 것은 큰 목차를 볼 줄 알고, 각 단원에서 이야기하고자 하는 목표가 무엇인지 이해하는 것에서부터 시작됩니다. 이 방식 그대로 중등 때 적용하면 내신 시험에 도움이 될 것입니다.

하지만 영어는 조금 구조가 다르기 때문에 영어 노트를 따로 이용해서 내용을 정리해주면 좋습니다. 먼저 3학년 교과서에 나오는 알파벳을 영어 노트에 쓰기 순서에 맞게 쓰는 방식으로 연습합니다. 그리고 3, 4학년 교과서에 나오는 파닉스 어휘나 기본 어휘 등은 노트에 써보면서 스펠링을 암기하는 연습을 시작하면 좋습니다. 개수를 많이 할 필요는 없고 학교 진도에 맞추어 조금씩 진행해주세요. 5, 6학년이 되면 리딩 본문을 한 번씩 필사하는 연습을 하면 중등 교과서 학습 시 도움이 됩니다. 그렇게 초등 때 준비를 해두고 중학교에 가면 노트 정리를 할 때 꼭 영어 노트를 사용할 필요는 없습니다. 하지만 글씨를 정확하고 바르게 쓰는 것은 중요하기 때문에 영어 노트 사용을 계속하는 것도 나쁘지 않습니다. 중학생이 되면 다음과 같이 영어 노트를 정리해두면 좋습니다.

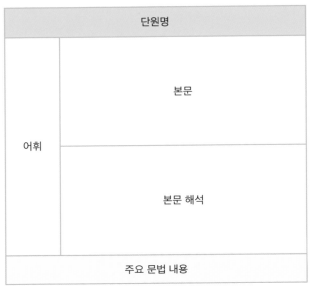

단원명		
어휘	본문	
	본문 해석	
	주요 문법 내용	

영어노트 정리법

서술형 대비법

노트 정리를 하고 초등 때부터 어휘를 암기하는 이유는 중학교 교과서를 잘 이해하고 내신에 적응하기 위함이었다고 해도 과언이 아닙니다. 2015 개정 교육과정 시기부터 서술형 평가 비중이 늘어났고 객관식 단답형은 줄어들었습니다. 변별력이 낮고 주입식 교육의 폐해라고 여겼기 때문입니다. 하지만 반대로 서·논술형 비중을 높이면서 채점 기준이 모호해지며 공정성 문제가 생겼습니다. 그래서 대부분의 학교는 채점 기준을 다소 타이트하게 만들어 놓았습니다. 점수를 주는 방식보다는 전체 점

수에서 감점을 하는 방식을 취합니다. 감점을 하는 방식은 다음과 같습니다. 학생이 쓴 내용이 교과서 속 문장과 다르거나, 어휘의 스펠링에 오류가 있거나, 문법적으로 오류가 발견되었거나, 단순 구두점 실수 등으로 구분합니다. 그래서 서술형 시험을 잘 대비하기 위해서는 다음의 원칙을 지키면 됩니다.

- 교과서 문장을 자유자재로 한영 번역이 가능하게 하라

실제로 쓰이는 문장, 문장의 자연스러움, 원어민이 자주 쓰는 표현 등은 내신 시험에서는 중요하지 않습니다. 이미 교육부의 검정이 끝난 교과서 안의 문장을 얼마나 정확하게 사용했느냐가 서술형 또는 수행 평가의 주관식 답변에서 더 중요합니다. 이런 이유로 많은 중학생이 교과서 본문을 외웁니다. 그런데 이 방법은 좋은 학습법이 아닙니다. 암기도 필요하지만 그보다 본문을 우리말 또는 영어로 옮기는 일은 암기보다는 '이해'가 먼저입니다. 우선 교과서의 본문을 우리말로 해석하는데, 이때 자연스럽게 문맥에 맞도록 해석하는 것이 중요합니다. 그리고 해석한 내용을 바탕으로 영어로 다시 옮겨 적는 연습을 합니다. 이 과정을 몇 번 반복하다 보면 억지로 암기하기 않아도 본문 내용이 절로 이해될 것입니다.

- 해당 단원에 나오는 어휘의 철자는 모두 외워라

이 부분은 초등 3학년 때부터 교과서에 나오는 어휘의 스펠링을 암기하라는 조언을 기억하신다면 곧바로 이해할 수 있을 것입니다. 발음대로 따라 읽고 쓰면서 철자를 정확하게 쓰는 법에 익숙해져야 합니다. 한글은 조음 방법을 한 번만 익히면 모든 글자를 정확하게 읽을 수 있지만 영어는 그렇지 않습니다. 그래서 영어는 파닉스로 조음의 규칙을 배우더라도 50~60퍼센트 정도만 규칙에 맞게 읽을 수 있습니다. 그래서 나머지 글자 중 자주 나오는 글자는 사이트 워드 또는 하이 프리퀀시 워드(High frequency word)라고 분류하여 따로 읽는 법을 배웁니다. 반대로 이야기하면 소리 나는 대로 쓴다고 철자가 모두 맞지는 않다는 뜻이기도 합니다. 중간에 묵음도 있고, 외래어에서 온 어휘들도 있기 때문에 원어민의 경우도 스펠링 확인 연습을 고학년이 되어도 꾸준히 하는 편입니다. 우리는 무려 외국인이니 이 연습을 게을리할 수 없습니다. 그리고 스펠링 오류는 누가 보아도 명확한 오류라 시험 상황에서는 감점을 받을 수 있는 여지가 분명하기 때문에 더욱 주의해야 합니다.

- 평소 대소문자, 줄임말, 구두점 등을 소홀히 하지 마라

이 부분도 초등 교육과정에서 모두 배우고 온 내용입니다. 하지만 아이들이 생각보다 많이 실수하는 부분입니다. 특히 라이팅을 많이 해보지 않은 아이들에게는 더 생소할 수 있습니다. 아포스트로피(')를 써서 줄여 쓸 때 철자를 더하거나 빼먹는 일이 많습니다. 그보다 더 자주 실수하는 것은 대문자로 써야 할 것을 쓰지 않는 경우입니다. 첫 글자를 대문자로 써야 하는 규칙은 초등학교 고학년들도 자주 실수하는 부분입니다. 중학생이 되면 사람 이름, 지명, 요일, 달 등 대문자로 써야 할 것들이 많이 생기는데 이런 데서 실수가 제법 나옵니다. 이런 점은 초등 고학년부터 챙겨주시면 좋습니다.

- 문법은 생각보다 중요하다

문법을 정교하게 익혀야 한다는 것에 초등 어머님들이 많은 부담을 느끼십니다. 하지만 제가 책 전반에 걸쳐 말씀드렸다시피 문법은 언어의 규칙입니다. 규칙 없이는 읽고, 쓰고, 말할 수 없습니다. 우리는 모국어로 한국어를 쓰기 때문에 어렸을 때부터 수많은 말을 듣고 그것을 따라 말하는 과정에서 많은 오류를 범하고, 다시 수정하는 과정을 거쳐 지금의 수준에 다다르게 된 것입니다. 모국어도 그러한데 하물며 외국어는 더 많은 연습을 해야 오류가 줄어들 것입니다.

하지만 초등이나 중등 시험에서 만나게 되는 문장들은 조금만 집중하면 오류를 금방 찾아낼 수 있을 만큼 한정적인 문법으로 이루어져 있습니다. 이런 규칙들을 초등 때부터 차근차근 익혀, 중학생이 되어서 실력을 더 든든하게 다지며 틀리지 않게 만드는 것입니다. 문법을 안 해도 된다는 말은 현재 입시 상황 하에서는 무책임한 이야기입니다. 초등 고학년부터 교과서 속 문장을 기준으로 문법 규칙을 찾는 연습을 하면 큰 도움이 됩니다.

로마는 하루아침에 이루어지지 않았다

로마도 하루아침에 만들어지지 않았듯이 영어 실력도 하루아침에 만들어지지 않습니다. 언어 능력을 일정 수준까지 끌어올리기 위해서 우리 모두가 다양한 방법을 시도합니다. 결과적으로 모국어에 외국어까지 수준급으로 잘해낸다면 그보다 더 값진 능력은 없을 것입니다.

하지만 그런 능력을 이루기 위해 너무 어린 시절부터 그 이외의 다른 것들은 놓쳐가면서 마치 그것만이 정석인 양 달려가지 않았으면 합니다. 사람마다 가지고 있는 능력이나 재능이 다를 수밖에 없는데, 마치 아이가 어릴 때 영어를 못하면 그 모든 탓이 엄마에게로 돌아가는 것은 분명 잘못된 일입니다. 엄마와 아이가 팀을 이루어 같이 발맞춰 나아가야 하는 것은 맞습니다. 하지만 그게 꼭 영어일 필요는 없다는 뜻이지요.

책 『마지막 몰입』의 저자 짐 퀵은 이전 세대와 달리 지금 세대의 사람들이 경계해야 할 세 가지로 디지털 과부화, 디지털 치매, 디지털 집중 방해라고 꼽았습니다. 지금은 수많은 디지털 정보가 넘쳐나는 시대입니다. 어른뿐 아니라 아이들은 더 어렸을 때부터 더 많이 디지털 기기와 콘텐츠를 소비합니다.

그렇게 해서 예전보다 영어 학습의 성과는 더 높아졌지만 그건 진실로 얻기만 한 것일까요? 저는 뇌 전문가도, 박사도 아니지만 분명 디지털 기기를 너무나 자주, 너무나 일찍, 너무나 오래 접한 것에 대한 대가는 분명 다른 부분에서 치러야 할 것이라고 봅니다. 그렇기 때문에 부모님이 영어 교육을 미디어 노출만으로 해결하려고 하지 않았으면 좋겠습니다.

공교육에서 정해놓은 나선형 방식의 교육과정만으로도 충분히 외국어를 학습하고, 그것을 통해 한국에서 입시를 치러내는 데 문제가 없습니다. 의사소통을 더욱 자유롭게 하고 싶다는 욕구는 다른 문제입니다. 교육과정 안에서 제대로 방법을 찾아 학습하고, 그 안에 제시된 모든 요소를 놓치지 않고 수행한다면 우리 아이의 영어 공부를 더는 고민하지 않아도 됩니다. 다만 교육과정을 어떻게 이해하고 아이들에게 가이드해줄지 몰랐던 것이 문제라면 문제가 아니었을까 합니다. 지나친 사교육, 과잉 학습 없이도 아이들은 잘해낼 수 있는 잠재력을 갖고 있습니다. 자녀를 믿고 부모님이 조금만 도와주신다면 국가 수준에서 하고 있는 공교육 영어로도 탄탄한 기초를 다져갈 수 있다고 생각합니다. 그러니 오늘부터는 불안해하기보다 실천하시길 권합니다.

너, 영어 교과서
씹어 먹어 봤니?

부록

- 초등 3~6학년 출판사별 목차 모음

3학년

	천재(함)	대교	YBM(김)	YBM(최)	동아
Lesson 1	Hello!	Hello, I'm Jinu	Hello, I'm Tibo	Hi, I'm Sena	Hello, I'm Jimin
Lesson 2	Oh, It's a Ball!	What's This?	What's This?	What's This?	What's This?
Lesson 3	Stand Up, Please	Stand Up, Please	Sit Down, Please	Open the Box, Please	Sit Down, Please
Lesson 4	How Many Apples?	It's Big	Do You Like Pizza?	Do You Like Apples?	Is It a Bear?
Lesson 5	I Have a Pencil	How Many Carrots?	How Are You?	How Many Dogs?	I Like Pizza
Lesson 6	What Color Is It?	I Like Chicken	Can You Swim?	Do You Have a Ruler?	How Many Carrots?
Lesson 7	I Like Chicken	I Have a Pencil	How Many Lions?	Can You Swim?	I Can Swim
Lesson 8	It's Very Tall!	I'm Ten Years Old	What Color Is It?	Don't Run, Please	Do You Have a Bike?
Lesson 9	I Can Swim	What Color Is It?	Let's Jump	Who Is She?	I'm Happy
Lesson 10	She's My Mom	Can You Skate?	Do You Have Any Crayons?	What Color Is It?	She's My Mom
Lesson 11	Look! It's Snowing	It's Snowing	How Old Are You?	How Old Are You?	What Color Is It?
Lesson 12	–	–	Don't Run, Please	How's the Weather?	How's the Weather?
Lesson 13	–	–	How's the Weather?	–	–

4학년

	천재(함)	대교	YBM(김)	YBM(최)	동아
Lesson 1	My Name Is Eric	How Are You?	What's Your Name?	How Are You?	My Name Is Cindy
Lesson 2	Let's Play Soccer	This Is My Sister	Are You Happy?	This Is Kate	How Are You?
Lesson 3	I'm Happy	What Time Is It?	Who Is He?	Where Is My Watch?	Don't Push, Please
Lesson 4	Don't Run	He Is a Firefighter	Let's Play Baseball	Are You Okay?	What Time Is It?
Lesson 5	Where Is My Cap?	Is This Your Bag?	Is This Your Rocket?	What Time Is It?	I'm Cooking
Lesson 6	What Time Is It?	What Day Is It?	What Time Is It?	Let's Play Badminton	It's on the Desk
Lesson 7	Is This Your Watch?	Let's play Soccer	It's Under the Table	What Are You Doing?	Let's Play Soccer
Lesson 8	I'm a Pilot	It's on the Desk	Do You Want Some Ice Cream?	What Do You Want?	Yes, It's Mine
Lesson 9	What Are You Doing?	Line Up, Please	Can I Come In?	What Day Is It Today?	I want a T-shirt
Lesson 10	How Much Is It?	How Much Is It?	What Are You Doing?	Is This Your Cap?	Can You Help Me?
Lesson 11	I Get Up Early	What Are You Doing?	Put on Your Jacket, Please	Touch Your Feet	It's Sunday
Lesson 12	-	-	How Much Is It?	Do You Like Fishing?	I Clean the Park
Lesson 13	-	-	What Day Is It?	-	-

268

5학년

	천재(함)	대교	YBM(김)	YBM(최)	동아
Lesson 1	Where Are You From?	Where Are You From?	How's It Going?	I'm from Mexico	I'm from Canada
Lesson 2	What Do You Do on Weekends?	Whose Drone Is This?	I'm in the Kitchen	What Are These?	My Favorite Subject Is Math
Lesson 3	May I Sit Here?	Please Try Some	Whose Ballon Is This?	Can I Take a Picture?	Can I Borrow Your Scissors?
Lesson 4	Whose Sock Is This?	What's Your Favorite Subject?	Let's Go Camping	Whose Shoes Are These?	Whose Cap Is This?
Lesson 5	I'd Like Fried Rice	Get Up at Seven	I Want an Airplane	My Favorite Subject Is Music	Let's Go Camping
Lesson 6	What Will You Do This Summer?	Can I Take a Picture?	What Does He Do?	I Get Up at Five	I Want to Go to the Beach
Lesson 7	I Visited My Uncle in Jeju-do	What Did You Do During Your Vacation?	What Time Do You Get Up?	I Will Join a Book Club	How Was Your Vacation?
Lesson 8	How Much Are the Shoes?	She Has Long Curly Hair	Where Are You From?	I Went to the Beach	I Get Up at 6
Lesson 9	My Favorite Subject Is Science	Is Emily There?	I Went to the Museum	Where Is the Ticket Office?	How Much Is It?
Lesson 10	What a Nice House!	Where Is the Market?	What Does He Look Like?	How Much Are These Gloves?	Where's the Library?
Lesson 11	I Want to Be a Movie Director	I want to Be a Photographer	He's Listening to Music	What's in the Bedroom?	She Has Long Curly Hair
Lesson 12	–	I Will Join a Ski Camp	They're Three Doallrs	I Want to Climb Hallasan	He's a Singer
Lesson 13	–	–	Where Is the Gift Shop?	What Season Do You ike?	–
Lesson 14	–	–	What Do You Do in Your Free Time?	–	–

6학년

	천재(함)	대교	YBM(김)	YBM(최)	동아
Lesson 1	What Grade Are You In?	What Grade Are You In?	What Grade Are You In?	I'm in the Sixth Grade	I'm in the Sixth Grade
Lesson 2	I Have a Cold	Do You Know Anything About Hanok?	What Would You Like?	I Want to Be a Pilot	Why Are You Excited?
Lesson 3	When Is the Club Festival?	When Is Earth Day?	My Favorite Subject Is Science	Let's Go Swimming	I Have a Stomachache
Lesson 4	Where Is the Post Office?	How Much Are These Pants?	How About Turning Off the Light?	When Is Your Birthday?	How Often Do You Wash Your Hands?
Lesson 5	I'm Going to See a Movie	What's Wrong?	Go Straight and Turn Left	I'm Going to Plant Trees	When Is Your Birthday?
Lesson 6	He Has Short Curly Hair	I'm Going to Go on a Trip	Your Car Is Faster Than Mine	I Have a Headache	I'll Go on a Trip
Lesson 7	How Often Do You Eat Breakfast?	You Should Wear a Helmet	What Will You Do This Summer?	What Would You Like to Have?	It's Next to the Post Office
Lesson 8	I'm Taller Than You	How Can I Get to the Museum?	How Was Your Trip?	He Has Short Straight Hair	I'd Like Noodles
Lesson 9	What Do You Think?	How Often Do You Exercise?	I Exercise Four Times a Week	I'm Stronger Than You	I'm Stronger Than Junho
Lesson 10	Who Wrote the Book?	Emily Is Faster than Yuna	What Season Do You Like?	I Know About It	Do You Know Anything About Romeo and Juliet?
Lesson 11	We Should Save the Earth	Why Are You Happy?	What Do You Want to Be?	How Can I Get to the Museum?	We Can Plant Trees
Lesson 12	-	Would You Like to Come to My Graduation?	I Have a Headache	What Do You Think?	I Want to Be a Painter
Lesson 13	-	-	When Is the School Festival?	Why Are You Happy?	-
Lesson 14	-	-	Congratu-lations!	-	-

270

• 중학교 1~3학년 출판사별 문법 목록 모음

중 1

문법 사항	출판사	단원
be동사 긍정문/부정문/ 의문문	동아(윤)	1과
	동아(이)	1과
	미래엔	1과
	능률(김)	1과
	비상	1과
	YBM(박)	1과
	YBM(송)	1과
	천재(이)	1과
일반동사 긍정문 / 3인칭 단수변화 일반동사 부정문 일반동사 의문문	동아(윤)	1과
	동아(이)	1과
	미래엔	1과
	능률(김)	1과
	비상	1과
	YBM(박)	2과
	YBM(송)	2과
	금성	1과
	천재(이)	2과
	천재(정)	1과
현재진행형	동아(윤)	2과
	동아(이)	2과
	미래엔	2과
	능률(김)	2과
	비상	2과
	YBM(박)	스페셜1과
	YBM(송)	5과
	지학사	2과
	금성	2과
	천재(이)	3과
	천재(정)	2과
과거시제	동아(윤)	4과
	동아(이)	4과
	미래엔	4과
	능률(김)	3과
	비상	3과
	YBM(박)	3과
	YBM(송)	4과
	지학사	1과
	금성	3과
	천재(이)	5과
	천재(정)	3과

조동사 can 조동사 will 조동사 should 조동사 must 조동사 have to	동아(윤)	3과
	동아(이)	3과, 5과
	미래엔	2과, 4과
	능률(김)	2과
	비상	4과
	YBM(박)	4과
	YBM(송)	3과, 4과
	지학사	4과
	능률(양)	3과
	금성	2과
	천재(이)	3과, 4과, 6과
	천재(정)	1과, 6과
명령문	동아(윤)	3과
	동아(이)	2과
	비상	2과
	YBM(박)	스페셜1과
	YBM(송)	6과
감탄문	동아(이)	2과
	능률(김)	7과
	YBM(송)	9과
	능률(양)	4과
	금성	3과
	천재(정)	8과
There + be동사	동아(윤)	4과
	미래엔	3과
	YBM(송)	3과
	천재(이)	4과
비교급	동아(윤)	7과
	동아(이)	8과
	미래엔	8과
	능률(김)	5과
	비상	5과
	YBM(박)	6과
	YBM(송)	8과
	지학사	6과
	금성	8과
	천재(이)	8과
	천재(정)	5과

최상급	동아(윤)	7과
	미래엔	8과
	능률(김)	5과
	비상	5과
	지학사	6과
	능률(양)	8과
	금성	8과
	천재(정)	8과
접속사 that	동아(윤)	8과
	미래엔	6과
	능률(김)	5과
	비상	7과
	지학사	7과
	능률(양)	3과
	금성	6과
시간 접속사	동아(윤)	8과
	미래엔	7과
	능률(김)	6과
	비상	8과
	YBM(박)	8과
	YBM(송)	6과
	지학사	4과
	능률(양)	5과
	금성	4과
	천재(이)	7과
	천재(정)	8과
to부정사	동아(윤)	6과
	동아(이)	6과
	미래엔	5과, 6과
	능률(김)	6과
	비상	6과, 7과
	YBM(박)	5과, 스페셜2과
	YBM(송)	7과
	지학사	2과, 3과, 5과
	능률(양)	2과, 4과
	금성	5과, 6과
	천재(이)	6과, 7과
	천재(정)	2과, 4과

동명사	동아(윤)	5과
	동아(이)	8과
	미래엔	3과
	능률(김)	3과
	비상	8과
	YBM(박)	6과
	YBM(송)	7과
	지학사	3과
	능률(양)	1과
	금성	8과
	천재(이)	5과
	천재(정)	6과
수여 동사	동아(이)	7과
	미래엔	6과
	능률(김)	4과
	비상	4과
	YBM(송)	9과
	지학사	7과
	능률(양)	6과
	금성	7과
	천재(이)	8과
	천재(정)	4과
재귀 대명사	동아(이)	4과
	천재(정)	5과
수량 형용사	동아(이)	5과
비인칭 주어 it	동아(윤)	5과

중2

문법 사항	출판사	단원
수동태	동아(윤)	1과
	동아(이)	4과
	미래엔	6과
	능률(김)	4과
	비상	3과
	YBM(박)	5과
	YBM(송)	5과
	지학사	5과
	능률(양)	2과
	금성	4과
	천재(이)	2과
	천재(정)	4과
조건을 나타내는 if	동아(윤)	4과
	동아(이)	3과
	미래엔	5과
	능률(김)	7과
	비상	2과
	YBM(박)	3과
	YBM(송)	4과
	지학사	1과
	금성	1과
	천재(이)	1과
	천재(정)	2과
관계대명사 주격 / 목적격	동아(윤)	4과, 5과
	동아(이)	4과, 7과
	미래엔	1과, 4과
	능률(김)	2과, 5과
	비상	4과, 5과
	YBM(박)	4과, 7과
	YBM(송)	3과, 6과
	지학사	2과, 3과
	능률(양)	5과
	금성	6과, 7과
	천재(이)	1과, 2과
	천재(정)	4과

	동아(윤)	7과
	동아(이)	2과
	미래엔	2과
	능률(김)	3과
	비상	5과
현재완료	YBM(박)	8과
	YBM(송)	4과
	지학사	4과
	능률(양)	4과
	금성	5과
	천재(이)	7과
	천재(정)	3과
	동아(윤)	3과
	동아(이)	3과, 5과
	미래엔	2과, 4과
	능률(김)	2과
	비상	4과
간접 의문문	YBM(박)	4과
	YBM(송)	3과, 4과
	지학사	4과
	능률(양)	3과
	금성	2과
	천재(이)	3과, 4과, 6과
	천재(정)	1과, 6과
	동아(윤)	6과
	동아(이)	7과
	미래엔	4과
so ~ that 구문	능률(김)	3과
	비상	8과
	YBM(박)	5과
	지학사	6과
	천재(정)	8과
	미래엔	7과
	비상	7과
	YBM(박)	3과
사역 동사	YBM(송)	2과
	지학사	8과
	천재(이)	6과
	천재(정)	8과

가주어 it	동아(윤)	7과
	동아(이)	5과
	미래엔	3과
	능률(김)	6과
	비상	6과
	YBM(박)	6과
	YBM(송)	7과
	지학사	7과
	능률(양)	3과
	금성	6과
	천재(이)	3과
	천재(정)	7과
5형식	미래엔	7과
	비상	1과
	천재(정)	5과
부가 의문문	YBM(송)	5과
	금성	1과
관계 부사	동아(이)	8과
	YBM(송)	9과
양보를 나타내는 접속사	동아(이)	6과
	지학사	8과

중3

문법 사항	출판사	단원
so that + 주어+ 동사	동아(윤)	2과
	동아(이)	6과
	능률(김)	7과
	YBM(박)	5과
	YBM(송)	7과
	천재(이)	3과
make 동사	동아(윤)	2과
	동아(이)	3과
	능률(양)	3과
	금성	1과
현재완료 진행	동아(윤)	4과
	능률(김)	1과
	비상	2과
	YBM(박)	2과
	YBM(송)	5과
	천재(이)	3과
현재 분사	동아(윤)	5과
	비상	4과
	YBM(박)	2과
	지학사	2과
	천재(이)	2과
과거완료시제	동아(윤)	6과
	동아(이)	8과
	미래엔	4과
	능률(김)	3과
	비상	3과
	YBM(박)	5과
	YBM(송)	6과
	지학사	4과
	능률(양)	4과
	금성	4과
	천재(이)	5과
	천재(정)	2과
가정법 과거	동아(윤)	8과
	동아(이)	5과
	미래엔	7과
	능률(김)	7과

가정법 과거	비상	8과
	YBM(박)	4과
	YBM(송)	7과
	지학사	7과
	능률(양)	7과
	금성	3과
	천재(이)	6과
	천재(정)	5과
분사 구문	동아(이)	8과
	미래엔	5과
	능률(김)	6과
	비상	5과
	YBM(박)	8과
	YBM(송)	2과
	지학사	5과
	능률(양)	4과
	금성	6과
	천재(이)	7과
	천재(정)	4과
소유격 관계 대명사	동아(이)	7과
	미래엔	7과
	천재(정)	5과
접속사 since	동아(이)	4과
	능률(김)	3과
	천재(이)	2과
강조 용법	동아(이)	3과
	미래엔	2과
	비상	6과
	YBM(박)	3과
	YBM(송)	3과
	지학사	6과
	능률(양)	2과
	금성	6과
	천재(이)	5과
	천재(정)	6과
the 비교급, the 비교급	동아(이)	4과
	능률(김)	6과
	YBM(박)	7과
	YBM(송)	3과
	능률(양)	5과

the 비교급, the 비교급	금성	2과
	천재(정)	6과
조동사가 있는 수동태	동아(이)	2과
	능률(김)	4과
	천재(정)	7과
화법 전환	능률(양)	6과
	천재(정)	7과

참고 문헌

- 윤종혁 외 4인, 「OECD '교육 2030: 미래교육과 역량'을 위한 현황분석과 향후과제」, 한국교육개발원, 2016.
- 최수진 외 6인, 「OECD 교육 2030 참여 연구: 역량 개념틀 타당성 분석 및 역량 개발을 위한 교육체제 탐색」, 한국교육개발원, 2017.
- 이근호 외 8인, 「OECD 교육 2030 참여 연구 교육과정 조사에 따른 역량 중심 교육과정 비교 연구」, 한국교육과정평가원 2017.
- 네이버 지식백과(적정기술)
- 조승연, 『플루언트』, 와이즈베리, 2016.
- 주형미 외 4인, 「교과서 선진화를 위한 초·중등학교 교육과정 내용 개선 연구− 영어교육용 어휘 목록 체계 개선을 중심으로」, 한국교육개발원, 2009.

"What You Do Today Can Improve All Your Tomorrows."
- Ralph Marston

오늘 당신이 하는 일이
미래를 향상시킬 수 있습니다.

상위 1% 아이들만 알고 있는 영어 교과서 100% 활용법

너, 영어 교과서 씹어 먹어 봤니?

초판 1쇄 발행 2022년 8월 30일
초판 3쇄 발행 2022년 12월 30일

지은이 이지은
펴낸이 김선준

책임편집 배윤주 **편집2팀장** 서선행 **디자인** 엄재선
책임마케팅 신동빈 **마케팅** 권두리, 이진규
책임홍보 유채원 **홍보** 조아란, 이은정, 권희, 유준상
경영지원 송현주, 권송이

펴낸곳 ㈜콘텐츠그룹 포레스트 **출판등록** 2021년 4월 16일 제2021-000079호
주소 서울시 영등포구 여의대로 108 파크원타워1 28층
전화 02) 332-5855 **팩스** 070) 4170-4865
홈페이지 www.forestbooks.co.kr

ISBN 979-11-92625-00-3 (03370)

㈜콘텐츠그룹 포레스트는 독자 여러분의 책에 관한 아이디어와 원고 투고를 기다리고 있습니다. 책 출간을 원하시는 분은 이메일 writer@forestbooks.co.kr로 간단한 개요와 취지, 연락처 등을 보내주세요. '독자의 꿈이 이뤄지는 숲, 포레스트'에서 작가의 꿈을 이루세요.